聖書教養
エッセー3

そうか、なるほどⅢ

《ヘブル書、ヤコブ書編》

中島總一郎 著

まえがき

一冊の書物が、その人の人生を大きく変えるということがあります。私はそれを聖書によって得ました。聖書を読んでいて、何度通読しても、その度に新しい発見をさせられます。特に諸訳の聖書や多種の注解書を共に並読すると、その訳者や注解者の見方や視点が各自それぞれ異なっており、「そういう意味もあったのか」とか「そのように解釈すべきなんだな」と、新しい発見にしばしば出会うことがあります。

私が瞑想で得た事柄と共に、新しい発見や共観を自分一人だけのものしておくのではなく、他の人とも分かち合いたい、他の人の信仰を深めるための糧になるならばなおよい、と思い、エッセー風にまとめてみたのが本シリーズです。

私は本シリーズに限らず、今までにもいくつかの本を著してきました。それは教会メッセージ風の『天命に立つ』『知慧に生きる』、論文風の『死と神の国』、聖書解釈風の『愛の完全』『聖潔の探究』、人生論調の『瞑想録』『快老をいく』、神学書風の『キリスト教信仰の基礎知識』『聖書理解の基本』、経営論を含めた生き方風の『幸福と成功の秘訣Ⅰ、Ⅱ、Ⅲ、Ⅳ』などです。これらのどれも、正統信仰から離れてはいけない、読者に信仰や聖書の正しい知識や知恵を届けなければならない、と著述の用語や言い回しにも、一行一行に細心の注意を払いながら、叙述してきました。しかし今回のシリーズでは、守るべき基本事項は踏襲しつつも、少し肩の力を抜いて、気軽に読めるような言葉と文体にして、自分自身でも「そうか、なるほど」と感じてきた内容を書いてみようと、随筆調でまとめてみました。

このようなエッセー風の形式にしてみて、今までとは違った事柄を盛り込めることに気が付きました。それは、聖書登場人物の心の動きや配慮といった、精神の機微に触れることができ、また登場関係者間の心の交流にある親密さから、私にも喜びが運ばれてくることでした。このことから、聖書の奥深さを別の角度から見詰めたり、聖書にある温かさを新たに感じたりすることもできました。

こんな聖書の優しさに、本書によって読者の皆様が触れ、一人でも多くの方が聖書に興味を持っていただけるなら、著者として本望です。

目次

第一章

ヘブル人への手紙から教えられること

「さて、信仰とは、望んでいる事がらを確信し、まだ見ていない事実を確認することである。昔の人たちは、この信仰のゆえに賞賛された。」（ヘブル一一1〜2）

「『わたしの子よ、主の訓練を軽んじてはいけない。主に責められるとき、弱り果ててはならない。主は愛する者を訓練し、受けいれるすべての子を、むち打たれるのである』。……肉親の父は、しばらくの間、自分の考えに従って訓練を与えるが、たましいの父は、わたしたちの益のため、そのきよさにあずからせるために、そうされるのである。」（ヘブル一二5〜6、10）

ヘブル書を味わう

一章から一三章までである『ヘブル人への手紙』を緒論的に大づかみにして捉えておくことは、この書に書かれている意味を理解する上で助けになる。

ヘブル人への手紙の著者は誰かとの問いへの答えは、「不明である」というのが通説である。今までにどんな人がその名を挙げられたのかを知るのは、興味をそそる。最有力はパウロであるが、性急で荒々しいところがあるパウロの文面に対して、この書の文体は洗練されており、パウロが常に自著の手紙に書き込む自分の霊的経験というものが本書には反映されていない。また、復活、律法と福音の対比、信仰による義が触れられていないこと、あるいは大祭司キリスト論が展開されていることや、律法と福音をギリシヤ思想的に「影と実体」で証言していることなどが、パウロ神学と合わず、パウロ説を断定するに至っていない（『ウエスレアン聖書注解　新約4』五頁参照）。その他には、バルナバ、ルカ、アポロ、シラス、テモテ、ローマのクレメンスなどの名が挙げられている。しかし、特定されるだけの証拠がない。中でもプリスキラとアクラ（使徒一八2参照）も著者として名が挙げられている。これはどうしてであろうかと、気にかかるところである（『新改訳聖書』「緒論」三八九頁、『新聖書注解　新約3』いのちのことば社、二〇四～二〇六頁参照)。

執筆年代については、テモテの出獄について触れており(ヘブル一三23)、七〇年代のエルサレム陥落や神殿崩壊には一切言及されていないことから、紀元六五～六九年、あるいはネロ皇帝による迫害の六四年前後が想定される。読者となる宛先は、わざわざこの手紙の最後に、「イタリヤからきた人々から、あなたがたによろしく」(同一三24)と書き加えられているところを見ると、イタリヤ特にローマ在住のヘブル人(ユダヤ人)宛ではないかと推測する説もある。この他の有力な仮説があることを紹介しておくと、ヘブル人への手紙の著者は、アレキサンドリア出身でその思考方法を身に付けた雄弁で学識のあるユダヤ人伝道者アポロであり、ローマかエペソに離散したユダヤ人の教会役員宛に書かれた、という説もある(『ウエスレアン聖書注解　新約4』八頁参照)。

「ヘブル人への手紙」は、聖書の他書とは異なる、いくつかの特色がある。
①一つは、他書に比べてキリスト論を多く展開している。例えば一章2～4節、五章5～10節、七章24～27節などである。
②二つ目は、イエス・キリストは、王、預言者、祭司の三職を担われたが、中でも祭司職についての記述が多く、独創的である。例えば、二章17節、三章1節、四章14

節、七章21節などである。

③三つ目の特徴として、本書には「まさる」とか「さらにすぐれた」という言葉が多く出てきて、これはキリストの贖罪と祭司的執り成しが、旧約のそれと比べてまさっており、すぐれていることを高調している。このことは、本書の中心的な主要思想であり、キリストによる贖罪の深遠な奥義を知らせようとしている。

本書に記述されている内容を見ると、パウロの論述法に似て、前半に信ずべき教理的なことが書かれており（同一1〜一〇18）、後半に信仰者として実行していくべき実践倫理的な事柄が書かれている（同一〇19〜一三25）。そして本書には五つ（あるいは七つ）の警告ないし勧告が与えられていて、前半に三つ、後半に二つが記されている。

すなわち、第一警告は二章1〜4節で、「尊い救いをなおざりにするな」（同二3参照）と戒めている。第二警告は三章7節〜四章13節で、「心をかたくなにすることによって不従順になり、そのために神が用意して下さった安息に入れなくならないように」（同三18〜19、四1、11参照）と記している。第三警告は五章11節〜六章20節で、要約すると「堕落したり、怠慢を続けることによって、約束のものを受け継げないことのないように」（同六6、12参照）と勧めている。第四警告は一〇章26節〜39節で、「故意に罪を犯し続けたり、確信を放棄することによって、神のさばきを受けることにならないように」（同一〇26、35参照）と励ましている。第五警告は一二章14〜29節であって、「俗悪によって神の恵みから漏れたり、語っておられるかたを拒んで、罰せられるようなことがないように」（同一二15〜16、25参照）と、強く注意を与えている。

以上のことを概略知っておいて、ヘブル人への手紙が示してくれる知の富を味わっていきたい。

私たちへの漸進的啓示

天の父は、ご自身がお創りになった人類に対して、どのような御思いを持っておられるのかを、人間が分かるような方法で示された。それをヘブル人への手紙ではその冒頭の開口一番に、次のように記した。「神は、むかしは、預言者たちにより、いろいろな時に、いろいろな方法で、(神がどんなお方であり、どんなご意志を持って、どのようにしようと計画されているのかを) 先祖たちに語られたが、(キリストの来臨によって終末が始まった) この終りの時には、御子（イエス）によって、わたしたちに語られた」（ヘブル一1〜2）と。

この御言葉の中には多くのことが語られている。①「いろいろな時に」とは、歴史上の各時代を通して、いろいろな場面や場合に語られたことを言っている。②「いろいろな方法で」とは、夢や幻あるいは預言や象徴によってだけではなく、モーセ律法を通してとか、感動による詩篇や展開される歴史事件などを通して示されたことを言っている。また③限定された特別な預言者へだけではなく、その預言者を通して、神のみこころが明らかになるように、先祖たちすべての人々に語られた。そして④神の御旨がどんなものであるのかを徐々に明らかにされてきたが、いよいよ時満ちるに及んで、この終末を迎える段になって、神の御旨を余すところなく明確に示すために、ご自分の御子を遣わし（同九26参照）、この御子によって完全にすべてを明らかにされた。

神が御自分の御旨やご計画を徐々に明確にされていかれた理由は、人類の文明が少しずつの発展であり、最初からすべてを完全な姿で示しても、理解できないし、それを直ちに受け入れて、どういう意味なのかをすぐに消化するということができなかったからである。神がこのように、そのみこころを徐々に漸進的に明らかにされていったことは、私たちが受けた救いとその後の自分の信仰的成長を見れば、よく理解できる。すなわち、救われたばかりの最初のうちは、高度で難しい固い食物は食べられず、軟らかい消化のよい物を摂食し、信仰が成長するにしたがって徐々に、よく咬まなければ喉《のど》を通らず消化しきれないような難解な学説や、厳しい叱責や高度な勧めなどの味の濃い辛いものも、食べられるようになった。

神がいろいろな場面でいろいろな方法によって、みこころを示されたのは、それだけ神のご計画は、大きく広く、深く、高いものであったからである。神が採用されたその方法やいろいろな事件の展開によって、人々の心の奥深くへ、じっくりと入って収まり、簡単には消え去ってしまわないようにするためであった。

旧約聖書の創世記の初めから、新約聖書の黙示録の終わりまでの、聖書の記述のすべてを、広く深く知って、神のみこころやご計画がどんなものであり、何が私たちに期待されているのかを知っていきたい。

二種類の啓示

「神がどんなお方であり、どんな計画をお持ちで、どのようにそれを展開しようとされているのか、あるいは、ご自身が愛してやまない人間がどのように在るべきで、どのように考えて判断したり行動して欲しいのかなどの、神の意志を明らかにし、これを聖霊を通して人間に示すこと」、これを啓示というが、天の父はこの啓示を「いろいろな方法で」(ヘブル一1) 示された。

神は最初のうちは、人間なら誰でもよく見詰めて考えれば分かるように、神がどのような方であり、どんな方向に向かって人類を導いておられるかを、①大自然と、②歴史と、③道徳的・宗教的衝動の三つのことで示された。すなわちこれが一般的啓示と言われるものである。これらを順次説明すると、次のようになる。

①星々のきらめきや大宇宙の広がりと運行、地球大地での営みや風雪などの大自然を人が見るときに、そこに神がいて秩序立てていらっしゃるのではないか、との目が開かれるようにされた（詩篇一九1、ローマ一20参照）。

②人の手で、人の思うように歴史は展開され、歴史は人によって作られているのでは

ないかと考えやすい。しかし、そうではなく、長い歴史の流れを高所から大局的に見ると、人類はある一定の方向に向かって進展させられ、導かれている、ということが分かるようにしてくださった（使徒一七26～27参照）。その行き着く先は神の国である（マルコ一15、黙示二一1～4参照）。

③人は生まれながらにして良心を与えられていて、してよいことと、してはいけないことが分かるようにされており、また別の面では、自分に危難が来たり、叶えられたい希望があれば、人は誰に教えられたのでもなく、手を合わせて祈ることをする（ローマ二14～15参照）。このようにするのは神の像《かたち》に創られた人の本来の姿が、消えかかるほどではあるが、ほんの少しばかり残されているからである（創世一27、マタイ一二20参照）。

神が存在しておられるのではないかとか、人の力を遥かに超えた神の力とか栄光を、右記①②③の一般啓示のうちに見て取ることができる。だが、神についてもっと明確に、神がお持ちの計画とはどんなものであり、神が備えておられる性質はどんなもので、神の知恵はどのようなものなのかは、一般啓示からだけでは、人は知り得ない。そこで神は、神の本質は何であり、どんな「救いの経綸」〔人類を救済して神の国を確立し、神の栄光を現そうとする神の大計画（イザヤ四六10参照）〕を持って歴史を進めておられ、人間はこの宇宙でどのような存在であって欲しいと望まれているのかなどの、神の具体的な御旨を、神は①聖書と②御子キリストのうちに示され、人類に明らかにされた。これが特別啓示と言われるものである。

①聖書に書かれた戒めや歴史の展開を見れば、神の具体的なみこころやご意志が分かる。そして、②イエス・キリストを見れば、神がどのような性質を持って、何をしようとされているのかが分かる。神は御子を通して、完全に究極的に、ご自身の御思いと計画を明示された。人格のない一般啓示を、温かい人格のある受肉した特別啓示に凝縮して、啓示を完結されたわけである。

「神は、……この終りの時には、御子によって、わたしたちに語られた」（ヘブル一1～2）のであるから、私たちは究極的に完全に啓示された「神のかたち」（ピリピ二6、コロサイ一15）であるイエス・キリストにしっかりと結び付き、イエス・キリストの姿に達するようにしていきたい。そうでないと、人間的な間違った道である主義主張のほうへ迷い込んでしまい、落ち込んで出られなくなってしまう。例えば、戒律主義、禁欲主義、神秘主義、人道主義、自然主義、享楽主義、科学万能主義などへである。

神が特別啓示してくださった御子イエス・キリストと聖書とをよく知って、人間の本来の姿を取り戻し、これを確立していく道を進んでいきたい。

神の本質なるキリスト

御子イエス・キリストは、「神の本質の真の姿」(ヘブル一3)であると書かれている。神というお方とはどのような方なのか、それを知りたければイエス・キリストを見ればよいと言われる。見えない神がどんな存在なのかを理解したければ、御子を見、御子に聞けばよいと聖書は言っている(マタイ一七5、マルコ九7、ルカ九35参照)。それでは人間の姿をとられた御子キリストの、どの部分の何が「神の本質」を表しているというのであろうか。主イエスのどの言動、存在、人格が、神の「真の姿」をとっているというのであろうか。

神には全知、全能、遍在という自然的属性と、聖、義、愛という道徳的属性がある。その道徳的属性の聖とは、どこまでもきよく、高く、汚れが全くなく、純粋であり、他から超絶していることである。神の義とは、聖から出てきたところの、汚れや罪が全くない完全な正しさのことであり、神はこの完全な正しさを保持し、実行される。神の愛とは、アガペーの神的聖愛の愛であって、人間のエロース愛とは異なり、無価値なものを無条件に愛し、自分の受苦を顧みずに、自分を与える愛である。神はこのアガペー愛によって、愛する対象を憐み、いつくしみ、恵みをふんだんに与え続けられる。神はこの愛によって、罪のある汚れたものを、罰して絶やす前にまず受け入れ、抱きこみ、洗いきよめて聖なるものに変え、ご自分の領域に招き入れられる（拙著『キリスト教信仰の基礎知識』二五〜二九頁参照）。

右記したような聖と義と愛とは、イエス・キリストの歩みと言葉にそのまま表されており、実行されている。キリストの生活と言葉そのものに、右記の聖と義と愛が出てきており現されている。キリストの生涯そのものが聖であり義であり愛であって、キリストの言動のうちに聖・義・愛が実行され実現されている。

したがって、キリストの言葉と行いを見れば、父なる神がどのような存在のお方なのかが見てとれるし、理解できる。そして私たちの霊の内に得心して受け入れることができる。このように主イエスを見れば神が分かるという意味で、御子は「神の本質」（ヘブル一3）を表しておられるし、神の「真の姿」（同一3）を見せておられる。キリストの人格の中に神の姿を見ることができ、またキリストの声の中に神の声を聞くことができる。

そうであるからこそ、神は御子イエス・キリストについて、次のように言われる、「その名はインマヌエル（神われらと共にいます）と呼ばれる」（マタイ一23）と。そして、「これはわたしの愛する子、わたしの心にかなう者である。これに聞け」（同一七5）と教示される。

このように天の父は、御子キリストを見れば神がどのようなお方なのかが分かるようにしてくださり、キリストに聞けば、神のみこころがどのようなものなのかを理解できるようにしてくださった。だからパウロも主イエス・キリストについて、宣べ伝えて言っている、「御子は、見えない神のかたちである」（コロサイ一15）と。

父と子としての神の啓示

「神は、……この終りの時には、御子によって、わたしたちに語られた」（ヘブル一1〜2）とある。ここで言っていることは、「見えない神は、ご自身がどんな御思いとご計画を持って、それを実現されようとしているか。それを、見える御子イエス・キリストによって、わたしたち人間に語られた」ということである。

神は三位一体であって、神は一つであり三つの位格を持ち、父と御子と聖霊で表現される。この父と子という表現は、人間の日常の親子という概念を用いて言い表されているという意味で、全能にして超絶の神を言い表し説明するのには、不完全であって十分とは言えない。しかし、人間の限られた知識と理解力に対し、神の深遠な概念を人間に分かりやすく表現するためには、適切な方法であると言わざるを得ない。人間が何かを理解しようとしたときには、自分の身近なものを引き合いに出して、これを例として説明すると、人間は納得を早めることができる。

子どもが自分の親のすべてを引き継ぎ、また親のすべての性質や人格、情動などを反映して受け継いでいるわけではないが、そうではあっても、「子を見れば親が分かる」とか

「この親子は瓜二つ」と言われるように、無関係な他の子を見るよりも、親子関係にある子どもを見たほうが、その子の親に近似したものを見ることができる。そこで聖書は、神にとっての父と子は一体であって相違するところはないのだが、近似した父と子の概念を用いて、神を人間に啓示することにされた。

父なる神は、子なる神である御子キリストを世に遣わし、ご自身の見えない存在と意志を、見えるかたち、それもより身近に感じられる人間の姿をとった御子として送り込み、その言動を見れば分かるようにされた。それが右記の御言葉の「神は、……御子によって、わたしたちに語られた」（ヘブル一1〜2）と言っていることである。キリスト教の啓示の本質的な内容は、御子を見て、御子の言葉に聞けば、最もよく理解できるように、神は配慮されたわけである。

御子キリストは、御父について、人が知らなければならない神の意志や計画（救いの経綸）を、「神のかたち」（コロサイ一15）として完全に表しておられる。キリストの言葉を聞き、キリストの生き方と生活の仕方を見れば、神がどんな属性を持ったお方であり、人はどんな思考と判断をして生きていくべきであるかが、明確に分かるようにされた。その意味で、もし人が神についてのことを知りたければ、御子イエス・キリストを見ればよい。

それだけに、人が御子キリストから神を知得することに失敗すれば、他のどんな学びや訓練によっても、神を知覚し神の御心を知って救いを受け、その御旨に合った崇高な生き方や思考をすることはできなくなる。

神の右に座る、立つ

「御子（イエス・キリスト）は、……罪のきよめのわざをなし終えてから、いと高き所にいます大能者（神）の右に、座につかれた」（ヘブル一3）とあり、復活後に昇天されたキリストは、神の右の座につかれたというのが、聖書の一般的な記述である。ところが、ただ一か所だけ、キリストが座っておられるのではなく、立っておられると表現されている箇所がある。それは、御存じのとおり、ステパノが、「あなたがたは、預言者を迫害し殺し、律法も守っていない」（使徒七52〜53参照）と証言したことに対し、イスラエルのサンヒドリン議会や長老、律法学者たち（同六12参照）の怒りを買い、石打ちで処刑され、殉教していく際に、天を見上げると、「人の子（キリスト）が神の右に立っておいでになるのが見える」と言った（同七56）記述箇所である。

この天におられる御子が座っているのと立っているのは、どちらが本当なのか、とか、御子は神の右で立ったり座ったりしているのか、と考える必要はない。立つとか座るとの姿勢を言っているのではなく、働きの状態を表現していると受け取ればよい。

聖書では、「座る」は落ち着いて腰を据える完了的状態を表しており、「立つ」は決意してこれから行動を起こそうという継続的状態を表している。例えば次のような表現がある。「あざける者の座にすわらぬ人は幸いである」（詩篇一1）、「（マリヤは）主の足もとにすわって、御言《みことば》に聞き入っていた」（ルカ一〇39）とか、「今あなたと、このすべての民とは、共に立って、ヨルダン（川）を渡り」（ヨシュア一2）、「立って真理の帯を腰にしめ」（エペソ六14）などである。

御子イエス・キリストが神の右に「座る」は、贖罪を終わらせ、神にその働きを嘉《よ》しとして受け入れられた「働きの完了」を表しており、イエスが立っているのは、今ステパノを励まし、御国へ迎え入れるための執り成しをしている最中の「働きの継続」を表している、と受け取ればよい。

御子が神の右に座っているのは、すべてを完了した贖罪の業への言及であり、立っているのは、ステパノへの執り成しの業の継続の表現である、と理解すればすっきりする。

キリストが人として来られた理由

「神は、……この終りの時には、御子（イエス・キリスト）によって、わたしたちに語られた」（ヘブル一1〜2）。そして、「御子は神の栄光の輝きであり、神の本質の真の姿である」（同一3）とある。また、ピリピ人への手紙には、「キリストは、神のかたちであられたが、……人間の姿になられた」（ピリピ二6〜7）と書いてある。

キリスト・イエスは、なぜ、神であるにもかかわらず、わざわざ「神と等しくあることを固守すべき事とは思わず」（同二6）、人間の姿になられたのであろうか。なぜ御子キリストは、神であるのに、人間のところへ来るのに、神の姿のままではなく人間となって、来臨されたのであろうか。その理由を考えてみたい。

キリストが受肉して人間界に来られたのには、三つの理由がある。①神を表すため、②身代わりとなるため、③人と同じ立場となるため、である。これらを以下にもう少し詳しく述べてみよう。

①第一番目の「神を表すために、キリストが人間の姿をとって来臨された」という理由は、次のように考えると分かりやすい。ごく簡単にいうと、人間が理解できる方法で、見

えない神ご自身がどんなお方であるかを知らせるためであった。人間が互いに意志疎通したり情感の交換をするのに、最も早くかつ深く交流し、相手を理解できるようになるのは、相手が人間である場合である。相手が犬や草木、石塊や鉄板、雲や風であったのでは、人間は親密な心の交流はできない。そこで形のない深遠な真理である神は、人間にとってご自身を最も解りやすく表して伝える方法として、ご自身のほうから人間の姿をとって来られたのである。神が受肉の姿形を採られたのは、神の人間への温かい配慮による。

②人として来られた第二の理由である「身代りとなるため」については、次のとおりである。「人の身代りとなるため」は、二つの方面から見ると分かりやすい。

(a)一つは、神に対する罪を無かったかのように帳消しにするためには、人間が責任を負って賠償せねばならない。そのために人間が自分の代わりに動物を犠牲に差し出したり、金銭で代償しようとしても、神はそれで十分であるとは納得されず、また人の側としても、自分自身ではしないという不誠実な行為である。人間が人間としての価値を持った自分の身をもって神に弁償して、はじめて神に受け入れられ、真の償いが完了する。ところが、人間が自分で弁償したら、人の最高価値である命を差し出す死しかないので、キリストは人の身代わりとして責任を完全に果たせるように、差し出す人間そのものになられたのである。

(b)二つ目の理由は、神の怒りをなだめるだけの価値を持った存在としてであり、かつ贖いの人の身代わりとなるためであった。人が神に犯した罪は、神の顔に泥を塗るような、神の聖を汚した罪である。神の聖を汚して傷付けたままに放っている人間に対して、神は滅ぼし尽くしてしまおうと思うほどに怒っておられる。ところが、神の絶大にして超絶した聖《きよ》さを元に戻せるのは、神と比べて格段に価値の低い人間ではできず、同価値の神しかできない。そこで一〇〇パーセント神にして一〇〇パーセント人間である完全な神・人二性を持ったキリストが、人に代わって代償することによって、神の聖を満たし、怒りをなだめ、人が神と和解できるようにされたのである。

③受肉のキリストの第三の理由である「人と同じ立場になるため」は、次のとおり、同じく(a)(b)の二方面から見ると分かりやすい。

(a)人が罪赦され義と認められたとしても、人にはまだ罪を犯す可能性が残っている。そして、神ほどの聖も義も愛も持ち合わせていない人間は、自分ひとりで神の前に立って、神と直接交渉することはできない。神の前に立てるのは、神の立場を保持している神だけであり、このような神だけが父なる神と、顔と顔を合わせて直接会話することができる。そこで、人であり神でもあるキリストが、人の立場となった大祭司となって、人に代わって神の前に立ってくださった。

(b)別の見方としては、人の思いや願いを深く知り、十分理解できるのは、他の動物や物財ではなく、人間だけである。そこで主キリストは受肉して、人と同じ状況や立場となり、人間の心情を正確に捉えて、神の前に執り成してくださることをされた。このように、キリストが人と同じ姿と立場になって神に執り成してくださるので、人は十分に自分の思いをキリストを通して神へ伝えることができ、また人は憚《はばか》ることなく大胆に神に近づくことができるようになった（ヘブル二17〜18参照）。

〔以上の、①②③については、もう少し詳しく、拙著『キリスト教信仰の基礎知識』六〇頁〜六三頁に論述してあるので、参照ください〕

神の御子が、わざわざ人間となって来てくださった理由を知っていると、主イエス・キリストそのものへの感謝が増してくる。

天使にまさるキリスト

ヘブル人への手紙の一章が言っていることを端的に表せば、「御子イエス・キリストは天使よりも優れているのだ」ということである。それを言っているキーワード（鍵語）が、4節の「御子は、天使たちより優れた者となられた」（ヘブル一4a、協会共同訳）である。天使たちより優れている理由の一つとして、同節に「天使たちにまさる名（権威）を受け継がれたからです」（同一4b、同）と述べている。

ヘブル人への手紙では、御子イエス・キリストが何よりも優れており勝っているということを、いろいろな事柄で取り上げて、それらと比較しながら述べている。その最初に天使との比較を取り上げている。

なぜそうしたのか。それは、当時、旧約聖書時代からずっと、天使は神に次ぐ、聖なる存在として信じられており、崇められていたからである（同二2参照）。律法は天使を通して授与されたし（ガラテヤ三19、使徒七53参照）、天使あるいは御使《みつかい》は、次のような働きをしている。すなわち、イザヤの唇を炭火できよめる（イザヤ六6〜7）。炉中の三青年を火から守る（ダニエル三25）。マリヤへの受胎告知（ルカ一30〜31）などである。その他にも、天使が重んじられるからであろうか、異端と評価されていることではあるが、天使礼拝もなされていた（コロサイ二18参照）。この天使よりも御子キリストは優れているということを、ヘブル書一章5節以下14節までに、旧約聖書で神の言葉として証言されている文言を用いて、比較陳述している。

天使や御使《みつかい》をはるかに超えて、御子が何よりも勝っている最大の理由は、その2節から3節に述べられている。すなわち、①御子は「神の本質の完全な現れである」（ヘブル一3）、②神は御子を通して万物を創られ（同一2）、③この万物を保持させ（同一3）、④創った万物を永遠に受け継ぐ者（相続者）とされている（同一2）。⑤御子は誰もなし得ない、人類の罪のきよめをされた（同一3）。そして現在は、⑥神の右に座しておられる（同一3）ことである。

キリストの優れていることの一つひとつの知識を確実にして、私たちの信仰を固めていきたい。

多くの働きを担われるキリスト

私たちは、イエス・キリストについて「救い主」と一言で言うが、キリストは人を罪から救うだけでなく、その他の多くの存在姿形を持っており、またそれだけに多くの働きを担われている。それらがヘブル人への手紙二章には、集約的に書かれている。

キリストがどんな姿形を持っておられるかを先に見ると、次のとおりである。

①まずは、「人の子」（ヘブル二6）である。これは人類を代表しており、受肉して人の姿をとられたことを表現している。

②次に、「救いの君」（同二10）である。これは贖罪するために十字架上で苦難を受けて、人類を罪から救うことをされた神の御子であることを示している。

③三番目に、「きよめるかた」（同二11）である。キリストは、救われて罪から解放された人を、さらに原罪からきよめて聖化を進め、本来の人間に戻す働きをされる。

④四番目に、「兄弟」（同二11）となってくださる。キリストは超絶の高みに座ってただ眺めているだけのことはせず、どんな場合にも私たちの人生を共に歩んでくださり、仲間や同僚以上の親密な兄弟として行動してくださる。

⑤五番目に、「助け（主）」（同二18）である。試錬の中にあって苦闘しながら耐えて乗り越えようとしている者に、共にいて励まし、力を与え、助けてくださる（同二18参照）。これがキリストである。

⑥六番目に、「大祭司」（同二17）である。キリストは、どんな時にも私たちを見捨てることも見放すこともせず、私たちと同じ思いになって、神の前に執り成しをして、私たちに最善が成るようにしてくださっている。

以上の存在の姿によって、その働きも明確になったが、それ以外にもキリストは、次のような働きをしてくださっている。

①第一に、「死を味わう」（同二9）。すべての人の罪を贖うために、その代償として、キリストはご自分の命を差し出された。そしてすべての人が死なねばならない死の罪責を負って生きることと、その死への恐怖を持ち続けて生きることから、人を解放する（同二15参照）ために、ご自分が人に代わって死なれた。

②第二として、「悪魔を滅ぼす」（同二14）ことをされた。人を罪へと誘い込み、罪を犯させ、自分の奴隷として一生涯引き回し、挙げ句の果てに、その結果として、人を死へと追い込む悪魔を、キリストは滅ぼして、人に自由を与えることをされた。

③第三に、「栄光に導く」（同二10）。キリストは、ご自身の十字架による受苦によって、人を罪のない者へと救い出し（新生）、罪を犯させる元凶である原罪をもきよめて（聖化）、神の栄光を受ける（栄化）ことのできる者にまで、私たちを導いてくださる。

以上のような姿形と、多くの働きによって、私たちを幸いで豊かな者にしてくださるイエス・キリストに対し、大いなる感謝を献げていきたい。

三表現による奇跡

ヘブル人への手紙二章４節に、「神は、しるしと不思議とさまざまな力あるわざとにより、……あかしをされた」とある。この「しるし」、「不思議」、「力あるわざ」とはどんなことで、その違いは何かをご存じだろうか。

この三つは総称して奇跡と言われるが、それぞれにいくらかの違いがある。①「しるし」は証拠論的な行為であり、②「不思議」は啓示的行為であり、そして、③「力あるわざ」は救済的行為である。その内容と目的を明らかにすると、次のとおりである。

①「しるし」とは、権威や能力がそこに内在していることを見えるように証拠付けした奇跡のことで、神の働きの代行者（メシヤ、預言者、使徒等）が、その資格を持っていることを、世の人々に確かに認めさせるための奇跡である。

②「不思議」は、驚嘆を与えるような、どうにも説明のつけようのない異常な出来事のことであって、神への畏敬を起こさせ、人を信仰と服従へ導くための奇跡である。

③「力あるわざ」は、通常ではとても体験することのできない、力強い業《わざ》のことであって、人の贖いや救い、あるいは困難な状況を神が解決するためになされる奇跡で

ある。

その出来事に対して、①神が承認されているとの意義を強調する場合に「しるし」と表現し、②目撃者に生じた効果を強調する場合に「不思議」と言う。そして③超自然的な聖なる力で起こっていることを強調する場合に、「力あるわざ」と表現する。

これら①②③の奇跡には、それを起こす意図があって、人に単に「あっ、驚いた」とかではない。そのことは神が行っていることなんだと認めさせたり、主イエスがメシヤ（救い主）であることを立証するために起こされる事柄である（使徒二22、ヨハネ二〇30〜31参照）。これ以外の目的では奇跡は行われない。

したがって、奇跡は無闇やたらに誰に対しても行われる事柄ではなく、救いに与《あずか》ってほしいと神が望まれる特定の人に対して、特定な時に行われる業である。その意味で、奇跡は神の啓示的行為であると言ってよい。そして奇跡は、自然法則を超えているからと言って疑うのではなく、全知全能の神による配慮から出てきている、と受け取るのがよい。頭脳に訴える自然現象の論理的説明と受け取るよりも、人格と情動を持った人間の霊魂に語りかけるものであると受容するのがよい。

マルコによる福音書の第六章に、次のように書かれている箇所がある。「このような力あるわざがその手で行われているのは、どうしてか。この人は大工ではないか」（マルコ六2～3）。このような受け取り方をした郷里の人々に対して、主イエスは、そこでは力あるわざを一つもせず、ただ少数の病人に手を置いて癒やされただけであった（同六5～6参照）。

このように同じものを見たり体験しても、その力あるわざから得られることは、大いに異なる。その行為を行った方が大工なのか、それとも神の御子がなされたのか、の受け取り方によって、その業は神による奇跡にもなり得るし、単なる人による行為にもなる。そしてそれ以上の奇跡がなされるのかなされないのかも決まる。さらにそこに行われた出来事から、救いの幸いを得ることができるようにもなるし、躓《つまず》いて世に留まるままでいるようにもなる。

起こり得る神の奇跡を信じる者となり、自分の生涯の上にも神の奇跡を起こしていただいて、幸いな人生を歩む者とさせていただきたい。

［奇跡について、拙著『聖書理解の基本』二六四頁～三一九頁に詳述してあるので、そこを参照してください。］

「なだめ」の必要性

聖書にも多く書かれているのだが、最近「なだめ」「なだめる」という言葉を、クリスチャンの間や説教でもあまり聞かなくなった。ヘブル人への手紙二章17節には、次のように書かれている。「イエスは、……民の罪を宥《なだ》めるために……」(協会共同訳)、「それは民の罪のために、なだめがなされるためなのです」(新改訳第三版)、「それで民の罪の宥めがなされたのです」(新改訳2017)。

「なだめる」とは国語辞書によれば、「気持ちが穏やかになるように機嫌をとる」ことと書かれている。漢字で書けば「宥《なだ》める」であり、あの悪名高い、宗教改革のきっかけとなった免罪符の「贖宥状《しょくゆうじょう》」にも使われている字である。

それでは、何をなだめるのか。なぜなだめる必要があるのか。主イエス・キリストは何のために宥めの供物となられたのか。これを以下に見ていきたい。

「なだめる」ということは、キリスト教の贖罪観の根底にある重要な事柄であり、神の御子キリストが私たちの罪のために受肉して来られ、その死をもって「宥めの供物」となられた、という教理は、キリスト教の贖罪にあたる恩恵性の根本的基盤である。パウロはこれを、次のように表現している、「神はこの方を、信仰によって受けるべき、血による宥めのささげ物として公に示されました。……ご自分が義であり、イエスを信じる者を義と認める方であることを示すため、今この時に、ご自分の義を明らかにされたのです」（ローマ三25～26、新改訳２０１７）と。このように「なだめる」という概念は贖罪の意味を深く知るための重要な教理である。

それでは、いったい何をなだめるのか。それは神の怒りである。神の怒りを収めていただくためである。神はなぜ怒っておられるのか。何を激怒しておられるのか。その怒りをなぜキリストがなだめる必要があるのか。なだめるのは人であってはいけないのか。犠牲動物ではいけないのか。

神は、人が神に対して罪を犯したこと、罪を犯し続けていることに対して、怒っておられる。愛の関係を結ぼうとして、ご自身のかたちに似せて創造された人間（創世一27参照）が、神のこの意向に反逆して罪を犯し（同三6参照）、神を受け入れず、神の聖を汚し続け、神の権威と栄光に泥を塗ることを続けている人間に対し、大変激しく怒っておられる。滅亡を加え消し去ってしまおうかと計画されるほどに、激怒しておられる。聖は神の本質であって、人がこの聖を否定することは、神の存在を望まず、神を存在しないようにすることと等しいからである。

神の怒りを静めていただかない限りは、人間の存在はなくなる。永遠に滅びていくしかない。そうでなくても、たとえ存在して長らえたとしても、神との関係は断絶されたままとなり、神とは無関係の存在となり、神からは無視されて、神の恩恵を受けることはなくなり(同三23参照)、暗く貧しい人生を歩んでいかねばならなくなる。

神の怒りをなだめて、汚され傷付いた神の聖を元に戻すことができるのは、神しかいない。人間では、たとえ自分の命を差し出したとしても、それではまだまだ価値が足りず、低過ぎて代償するに値しない。ましてや動物ではをやである。それではどうしたらいいのか。そこで神は、ご自分でご自身に代償することにされた。聖を元に戻し怒りを静めるために、神である御子を人間の代わりに人間に、人として遣わされた。神の怒りをなだめる任を負って遣わされて来られた御子キリストは、人に代わってなだめの供物となって十字架にかかり、ご自分のいのちによって人の罪を贖うことをされた。このキリストの贖罪によって神の怒りはなだめられ、人は罪赦されることになり、神との正しい関係に入れるようになった。

人は、御子キリストのなだめの供物の贖罪によって、神に受け入れられて和解し、その後は、生きている間は神から恵みを受けられるようになり、神の家族として生き、死して後も永遠の命が約束される者となった。

なだめの供物となってくださったキリストの愛に感謝し、自らの救い主として信じ、神から祝福される信仰者として、生涯を歩んでいきたい。

［キリストの宥めと贖いについての詳細は、拙著『キリスト教信仰の基礎知識』五六頁～六〇頁を参照ください。］

死からの解放者イエス

信仰を持たなくても、また救いを受けていなくても、死を平然として死んでいく者もあろう。キリスト者は、死を恐れることなく、平安と喜びのうちに死を迎えていく。だが無信仰者と信仰者の、平然と死んでいくことには大きな違いがある。

死に対する恐れの最大原因は、死んだ後のさばきにある。死んでいった先で、どのような取り扱いを受けるのか、それが見えていないことへの不安である。

無信仰者が達観して死を平然と死んでいくのは、死の先を見ないようにし、さばきを考えないようにして、死後には何もないと自分に言い聞かせて目を逸《そ》らせて死んでいくからである。キリスト者が平安のうちに死んでいくのは、死んだ後にあるさばきから解放されていて、何の恐れもないからである。無信仰者が無表情で死を通っていくのは、怖いものを見ないようにし、考えないようにして、目を閉じているからである。キリスト者が安らかに喜びのうちに死んでいくのは、死後の祝福と幸いが待っていることを目の当たりにしつつ、確信しているからである。

このような状況であるということからすると、無信仰者は、死という受け入れがたい敵から、完全には自由になっておらず、キリスト者は死から全く解放されて、自由になっているると言える。その意味で、無信仰者は死の奴隷状態になっており、キリスト者は死の奴隷状態から解放されていると言い表せる。

この状態の差はどこから生じるのだろうか。もちろん信仰の有無であると言明できる。しかし、さらに明確に述べると、何を信じているのかあるいは信じていないのかの違いから出ていると言える。キリスト者は、神の怒りとさばきから、イエス・キリストの贖罪によって解放されていることを知っており、無信仰者にはこの救いがなく、罪という悪魔に捕らわれたままの状態に常にある。

キリスト者が死の奴隷状態から解放されて、神の恵みの中にあることは、次のように聖書に書かれている。「死の力を持つ者、すなわち悪魔を、（イエスは）ご自分の（十字架上の）死（と復活）によって滅ぼし、死の恐怖のために一生涯、（死の）奴隷となっていた者たち（人間）を、解き放つためである」（ヘブル二14〜15）。

主イエスを、死から解放してくださった方であると信じ、死を恐れることなく、むしろ祝宴の席へ入る一つの門扉として通過し、歓呼の声に迎えられながら入っていきたい。

試練を受けられたキリストからの助け

「主ご自身、試練を受けて苦しまれたからこそ、試練の中にある者たちを助けることができる」（ヘブル二18）。この御言葉の意味として、「主イエス・キリストが私たちと同じ苦難を受けてくださったので、私たちの所へ来て、苦難の中にある私たちを助けることができる」と解釈してはならない。この御言葉は、次のように捉えるべきである。すなわち、「主イエス・キリストが、ご自身ただ一人でメシヤとしての多くの苦難を受けた方であり、それだけに私たちの苦難を理解できる方であるので、私たちのほうから安心して近づき、主からの心の安らぎを受けることができる」と解釈すべきである。

すなわち、「私たちと人間的な同じ経験をしているから、同情して、私たちを助けることができる」というのではなく、「私たちとは異質なメシヤとしての独得の苦しみを通ってきているので、この人なら私たちが受けている苦しみも十分に分かってくださるであろう、と信頼し心を許して近づき、主から平安をいただくことができる」と受け取るべきである。

主イエス・キリストは全知の神であり、私たちと同じ経験をしなくても、人間の苦しみはすべて分かっておられ、理解しておられる。だから人と同じ苦しみを、わざわざ繰り返して経験する必要はない。主イエスが遭った苦しみは、人間とは異なる救世主としての、父なる神の御思いに従ったゆえの苦しみである。愛ゆえに負う苦しみである。すなわち、罪に捕らわれて奴隷となっている人間へのあわれみ、福音を伝えても理解せず、かえって拒絶し罵倒する人間への心痛、目が閉ざされて愚かになっており、このままでは人間は地獄へ行くしかない、なんとか救ってあげねばならないとの悲願、そして最終的には、「わが神、わが神、どうしてわたしをお見捨てになったのですか」（マルコ一五34）と、十字架上で人の贖いのために死んでいかねばならず、そのために父から汚れた者として捨てられていく悲痛、これらの試錬からくる苦しみである。

メシヤとしてのこれらの苦しみを負って生涯を歩まれた主イエスだからこそ、私たちの人間的な苦しみも理解してくださり、分かってくださる方であると信じることができる。それで私たちは、主イエスへ信頼をもって近づき、このメシヤから平安という助けを受けることができる。

もう一度要約すると、右記の御言葉（ヘブル二18）は、次のように解釈できる。

私たち人間と御子キリストとでは、苦難や試錬からくる苦しみは、精神的にも肉体的にも同じものではなく、受けた試みの性質と形態は全く異なるものであるとしても、苦しみを経験しているという事においては共通点があるので、主イエスは私たちの苦しみを理解できる。そこに安心感と信頼観が私たちの内に醸成され、私たちは主イエスに近づいていくことができる。そして、キリストから平安と力をいただくことができる。

このように解釈するとよい。

使徒なるイエス

ヘブル人への手紙三章1節には、「使徒であり、大祭司であるイエス」（協会共同訳、新改訳2017）と書いてある。主イエスが「大祭司」であることは、何の異和感もなく、そのまますっきりと受け入れられる。しかし「使徒である」と言われると、「……ん？」と考え込んでしまい、何となく引っ掛かるものがある。

主イエスが預言者、祭司、王の三職を担うことは、信仰生活において日常的に理解できている。そして主イエスが、ご自身を贖いの供物として献げ、十字架の血をもって私たちをきよめ、現在も神の右にあって、私たちのために執り成しの祈りを捧げてくださっているとの意味で、大祭司であることは、何の抵抗もなく心に収まる。ところが、「使徒」という言葉は、ペテロやヨハネやパウロなどに対しては、聞き慣れ使い慣れているものの、主イエスに対してとなると、どうしてであろうかと、思い巡らしてしまう。

しかし、よく考えてみると、主イエスこそ使徒である。なぜなら、使徒とは全権を委ねられて遣わされた者のことであり、その働きを実行していく者だからである。主イエスは天の父から神の全権を委ねられて、人間を原罪から救い、神の家族として迎えるために遣わされて来られ、そのために贖うという任を十字架上の死をもって全うし、血によって私たちをきよめ、現在も神の全権のもとに、人々と天地を治め、導いておられる。この働きを担った者を神からの使徒と言わずして、何を、誰を使徒と呼べるだろうか。このような働きをする者こそ、本物の使徒であると認識することができる。

神の全権を受けて代執行される、使徒たる主イエスの働きを十分に知って、喜びと感謝のうちに、信仰生活を完成させていきたい。

信仰途上者への六つの警告

　キリスト教信仰を持つようになっても、すべての人が天国というゴールにまで到達するとは限らない。ある者は途中で信仰を離脱し、また別のある者は、信仰ゆえに襲ってくる試練に躓《つまず》き、不信に陥り、絶望に捕らわれてしまうこともある。

　ヘブル人への手紙三章は、信仰を持って神が導く世界に入っても、信仰生活を続けていく途中で難破することがないようにするための警告が語られている。それはイスラエルの民がモーセに率いられて出エジプトし、四十年間の荒野を通り、乳と蜜の約束されているカナンの地に入るまでの事件を取り上げて、かつ詩篇九五篇7〜11節を引用しつつ、語っている（ヘブル三7〜11、15、17参照）。

　聖書での「エジプト」は、肉や野菜の多い、しかし奴隷の身である「この世」の譬喩《ひゆ》であり、荒野での生活は、神の恵みと導きがありつつも、信仰を始めてからの試錬が重なる苦難の生活を表し、乳と蜜の流れる新地カナンは、祝福に満ちた豊かな神の国のことである。この天国に達するまでの間に、私たちには多くの困難や誘惑や試錬に遭う。それに耐えて乗り越えていくためには、ここに書かれている六つの警告に留意して進んでいかなければならない。

その警告とは、

①「イエスを、思いみるべき」(同三1)であって、私たちの導き手である主イエスから目を離してはならない。

②「み声を聞いたなら、……」(同三7)、主のみ声や御言葉を無視したり適当に聞いておくのではなく、素直に受け入れるべきである。聖霊を通して神が語る言葉に信頼していかねばならない。

③「試錬(に遭っているそ)の日に、……心を、かたくなにしてはいけない」(同三8)。試錬の中にある日々だからこそ、心を柔軟にして、御言葉では何と言っているかと問い、答えをいただき、それに従っていくべきである。

④「生ける神から離れ去」らないように「気をつけなさい」(同三12)。試錬や困難の中にあると、どうしてもサタンの声に耳を傾けやすくなる。そして不信仰に陥り、堕落の道へ誘い込まれる危険度が高くなる。だから、発声元をよく聞き分け、気をつけて、慎重に行動していかねばならない。

⑤そして、「日々、互に励まし合いなさい」(同三13)。自分単独で信仰生活を続けて

いくと、どうしても迷いや不信が生じたり、独善的になったり、また生じた問題にどう対処していったらよいのか分からなくなる。そんな時には、信仰の友と祈り合い、励まし合って進んでいくとよい。

⑥「最初の確信を、最後までしっかりと持ち続ける」（同三14）べきである。信仰を持って歩み出した時の最初の、「神から愛されている自分であり、そのゴールは天国であり、自分に託された使命はこれである」との確信を常に、そして最後まで堅く保ち続けて生涯を歩んで行くならば、途中で信仰の難破に遭って、海の藻屑のごとく底深く沈んでいってしまう、ということはなくなる。

出エジプトしたイスラエルの民は、これら①〜⑥の警告あるいは勧告があるにもかかわらず、これに従わないで、不信とつぶやき（不平、不満）ばかりを続けた（同三19参照）。その結果は、神のさばきに会い、途中の荒野ですべて死に絶えてしまった（同三16〜17参照）。その結果、出エジプトした約二百万人のうち、約束の地カナンへ到達できたのは、次の世代の人々と、ヨシュアとカレブの二人だけであった。

信仰を始めようと思う者は、そして信仰生活を続けていこうと志す者は、これらの警告と勧告を聖書から十分に読み取って、進んでいく必要がある。

きょうという日に御声を聞く

ヘブル人への手紙三章7節に、「きょう、あなたがたが神のみ声を聞いたなら」（口語訳）とある。この「きょう」が漢字の「今日」ではなく、平仮名で表示されている（新改訳も）には、理由《わけ》がある。

聖書では、時の概念を把握し表現するのに、二種類の言葉を使い分けており、ギリシヤ語のクロノスとカイロスで表示する。ここの「きょう」はカイロスである。

人間にとって、また神にあっては、「時」には相対的な時間の流れと、絶対的な特別な意味のある時がある。クロノスは、人間的で相対的な時の流れであり、カイロスは、神的で絶対的な時であり、意味のある特別な機会の時である。

人間は、生活していく上で、時の流れの各時点で区別を設けて捉え、時の移り変わりをクロノス的に過去、現在、未来に分け、時、分、秒で計り、期間や季節で表示する。ところが神にとっては、過去、現在、未来といった区別はなく、永遠の古《いにしえ》から将来の永遠の先の世に至るまで、すべての時が常に今であり、現在である。どこを切り取っても、その時が持つ意味は、常に今日であり、現況であって、カイロス的である。このことを明示している御言葉に、「主にあっては、一日は千年のようであり、千年は一日のようである」（IIペテロ三8）がある。このように、主にとって、今の一日と過去・未来にわたる千年との違いはなく、時の捉え方はいつもが今である。

人は、神が御言葉によってその人に啓示してくださるその瞬間というものは、再び未来のどこかにもあるであろうと、クロノス的に考え、受け取りやすい。だが、神にとって、多くの人々の中で生を営んでいるその人固有の活動の瞬間に対しては、絶対的であり、その時限りである。同じ条件で同じ御声を掛けてくださるという機会は、未来永劫に二度とないカイロスであると受け取らねばならない。カイロスだからこそ、「きょう、あなたが御声を聞いたなら、……心を、かたくなにしてはならない」（ヘブル三7、15参照、詩篇九五篇7〜8節からの引用）のである。同じ御心と祝福が約束された御言葉は、生涯にわたって二度と自分に訪れてくることはないと認識せねばならない。だからこそ、神の御声を聞いたなら、あの出エジプトして「荒野における（苦難の）試錬の日に、神に（不平不満を言い、不信に陥って）そむいた時のように」（ヘブル三7）、心を頑《かたく》なにして、神を拒否するようなことがないようにしなさい、と警告が与えられている。

天の父にとって、時は常に「今」であって、時の流れの時点の区別はない。御言葉のうちにご自身を現される神が、御霊を通して語ったなら、二度と無いその機会を決して逃がしてはならない。神と自分が一対一で対決的に邂逅《かいこう》する時機は今だけであって、今日という現在が自分にとっての永遠と直結している。今日聞いた御霊の声を蔑《ないがし》ろにすることは、又《また》と無い神の導きや祝福を拒否することになる。

聖書において「きょう」という言葉が語られた場合には、読者は今現在において語られたその言葉に聞いて従うという責任が課せられる。神がカイロスの中にあって、御言葉をもってその人にご自身を現されているからである。

今日《きょう》の今こそが神の時である。その御言葉に接したならば、私たちは今日というこの時に決断して、行動を起こさねばならない。クロノスの中には有り得たとしても、カイロスには先延ばしということは許容されないことだからである。

生ける神とは

「生ける神」という言葉を聖書のあちこちで見る。私たちはあまり気にもせずに、この「生ける」を読み過ごし、分かったつもりで聖書を読み進める。だがここで、ちょっと一息入れて立ち止まり、この「生ける」とは何を意味し、何を言おうとして「神」を形容しているのか、少し考えてみたい。

考えてみようかと立ち止まったのは、ヘブル人への手紙三章12節に、「不信仰な悪い心をいだいて、生ける神から離れ去る者があるかも知れない」とあるからである。この他に「生ける神」との表記に、どんな聖句があるかを調べてみると、すべてではないが、次のような御言葉がある。


「わが魂はかわいているように神を慕い、いける神を慕う」（詩篇四二2）。

「彼は生ける神であって、とこしえに変ることがな（い）」（ダニエル六26）。

「イエスは彼らに言われた、……『生ける父がわたしをつかわされ、……』」（ヨハネ六53、57）。

「あなたがたは……キリストの手紙であって、墨によらず生ける神の霊によって書かれ」（Ⅱコリント三3）。

「あなたがたが……生けるまことの神に仕えるようになり」（Ⅰテサロニケ一9）。

「生ける神のみ手のうちに落ちるのは、恐ろしいことである」（ヘブル一〇31）。

「生ける」とは「生きている」ということである。この「神」は、生きて活動される。それだけではなく、無生物や理念のような無味乾燥な概念存在などではなく、性質や人格を持っておられることを「生ける」は表している。性質としては、道徳的に聖く義《ただ》しく、また神的な愛をもって深く優しく愛するお方であることを表しており、人格としては、神独特の位格を持ち、父、子、聖霊の三位格をもって一体となっておられる。この「神」は、万物の創造者であって、統治と保持の権威を持っておられる。そして、人格を持っておられるので、痛み、悲しみ、喜び、怒り、嘆きといった感情をもって行動される。

「生ける」と表現し、生きていると形容する場合には、右記のことに関連して、特に二つのこと、すなわち、①神が慈愛に溢れたお方であること、そして、②時間・空間を含めた全存在物に対して、絶対的な主権をもって対応しておられること、これらを強調している。この「生ける神」に目を向け、信仰を持って行動しようとする者には、当然のように畏敬の念が生じてきて、語られる御言葉に耳をそば立てて聞き、従順に従うようになる。

それだけでなく、「生ける神」を認識した者には、力強い希望が湧き上がってくるようになり、また自分の命にかかわるほどの真剣な警告が発せられていることを、感じ取るようになる。

このような「生ける神」であるからこそ、異教の神々とは全く異なり、唯一絶対な存在の神であることを、この言葉によって表示している。

私たちは、この「生ける神」に自分の命を支えられ、絶対主権によってそれぞれ各自の生涯が守られ、導かれていきたい。そして死して後でさえも、この「生ける神」の御手のうちにあり続けたい。

あと戻りしないように励まし合う

ヘブル人への手紙の記者が、「心を、かたくなにしてはいけない」（ヘブル三8、15）と、警告を発しているのはなぜであろうか。当時において、一度クリスチャンになって信仰生活を始めた者が、試錬に遭ったために不信仰に陥り、キリストから離れ、再び元のユダヤ教に戻ろうとする人々があったからである。その背景には、ユダヤ教の律法主義に戻って行き、あるいはユダヤ教の習《ならわし》から抜け切れずに、同胞のクリスチャンを誘惑し、迷わせている人々がいたからである。

だから、ヘブル人への手紙の記者は、イエス・キリストを救い主であるとして持った「最初の確信を、最後までしっかりと持ち続け」なさい（同三14）と警告し、「確信を……持ち続けるならば、キリスト（の祝福の約束）にあずかる者となる」（同三14）と激励している。

これと同じような事は、イスラエルの民の出エジプトの時にもあった。約束の地カナンへと向かう荒野の四十年の旅程間には、多くの苦難があり、指導者モーセに文句を言い、不平をつのらせ、不信に陥り、最後にはモーセ殺害を企て、自分たちだけで、にんにくやにらや玉ねぎがたくさん食べられる、元来《もとき》たエジプトへ帰ろうとした。その結果は、彼らは神の怒りを買い、荒野で死に絶えることになってしまった（同三16〜19参照）。そのことがヘブル書三章7〜11節に、詩篇九五篇7〜11節を引用して述べられている。

同じような事は、現代の私たちクリスチャンにも起こり得ることである。そこで私たちへの警告として聖書に書き残されているわけである。一度は決心してクリスチャン生活を始めたものの、信仰を抱くがゆえに来る迫害などの苦難が自分に起きてくると、信仰を捨て、元のこの世の生活に戻っていく。このような者が現代でもかなりいる。その結果は、栄光と祝福に満ちた御国に入ることができず、暗黒と悲惨が覆うこの世で、罪に染まったまま、生を終わらせていくことになる。

そこで、ヘブル人への手紙の記者は、決心してクリスチャンになり信仰生活を歩み出した人々へ、次の御言葉をもって奨励している。すなわち、「兄弟たちよ。気をつけなさい。あなたがたの中には、あるいは、不信仰な悪い心をいだいて、生ける神から離れ去る者があるかも知れない」（同三12）。そうならないように、「日々、互に励まし合い」、「キリストにあずかる者とな」りなさい（同三13〜14）と。

私たちは、クリスチャン生涯を成功のうちに生き抜くために、

①信仰生活を開始した時の確信を基礎にしっかりと捉え、
②クリスチャン生活を歩む過程において、試錬に耐え、そのためにもキリストを確固として見詰め、キリストから目を離さず、信仰の友と祈り合い、
③クリスチャン生涯の目標であるキリストとその祝福の授与の希望を堅く持って、邁進していきたい。

真の安息を得る

信仰を持つようになっても、ただ罪から救われて、罪の奴隷となっていた自分から解放されるだけでは意味がない。神から約束されている安息に入ってこそ、信仰の醍醐味があり、意義がある。

安息とは一言でいえば平安の状態であり、何かに煩わされたり苦しめられたりするようなことが一切なく、心静かに落ち着いていられることである。穏《おだ》やかな心の状態で活動できることである。

ヘブル書の記者は、「神の安息にはいるべき約束が、まだ存続しているにもかかわらず、万一にも、はいりそこなう者が、あなたがたの中から出ることがないように、注意しよう」（ヘブル四1）と言っている。天の父は私たちに、安息に入れると約束してくださっている。だが、この約束が終わりになる時が来る。それは、終末のキリスト再臨の時か、または現在の私たちが約束を拒否する時である。

神の安息に入りそこなう人というのは、神の約束を信じないか、神が言われていることに従おうとしない人である。安息に入れないのは、自分の不従順によって、入ろうとしないからである（同四6参照）。「ところが、わたしたち信じている者は、安息にはいることができる」（同四3）。

そうは言っても、安息に入れるのは、「はいることができる」（同四3）という可能性であって、信仰を持っていれば誰でも入れるというものではない。それならば、どうしたら確実に安息に入れるだろうか。それには、日常生活で、罪から救われたという信仰だけに留まることなく、その先の信仰の成長へと進む必要がある。具体的に言えば、救いから始まって聖潔に至ることである。聖潔に与ってきよめられた信仰者は、世の諸々《もろもろ》の煩いから解放されて、「肉の欲、目の欲、持ち物の誇」（Iヨハネ二16）などの欲からも解放され、神から生きた力が与えられる。それによって世にあって、自分に与えられた使命と目的に向かって、活発果敢に行動していくことができる。

この聖潔が、「自分が生きているのではない。キリストが私のうちにあって生きておられるのである」（ガラテヤ二20参照）という境地にまで達するならば、与えられている平安も極に達することになる。この世で御国の安息を味わっているという心境にまで導かれる。これは、この世に居ながらにして天国を味わう、という生活である。

信じることと従うことによって聖潔にまで達し、神が与えてくださる安息を体験し続ける信仰生活を送っていく者でありたい。

霊的ことばに探られる

強烈な言葉をもって書かれているので、印象に残る御言葉がある。「神の言葉は生きていて、力があり、いかなる両刃《もろは》の剣《つるぎ》よりも鋭く、魂と霊、関節と骨髄とを切り離すまでに刺し通して、心の思いや考えを見分けることができる」（ヘブル四12、協会共同訳）である。ところがこの御言葉は、印象には残るが、どのようなことを言っているのか、どうも十分に飲み込めない。それは、「関節と骨髄」のように比喩的に語られていることも影響している。

この聖句をリビングバイブルで読むと、少しは理解できるようになる。「神のことばは生きていて、力があります。それは鋭い刃のように切れ味がよく、心の奥深くに潜《ひそ》んでいる思いや欲望にまでメスを入れ、私たちの赤裸々な姿をさらけ出します」と表現している。

この聖句をもう少し詳しく掘り下げて考えてみよう。関節と骨髄、魂と霊とあるので、まずは人間の構成・構造を見てみよう。神の言葉を受ける人間側の体のつくりは、どのようになっているのだろうか。

人間の構造を説《と》くいくつかの論説の中の一つである「三分説」では、人の身体の最外側に肉体があって、その肉体の中に無形の精神構造である心がある。心は魂と霊の二つに分けられる。魂は生命・精神座とも言われるものであって、知・情・意の働きを担っている。すなわち、この部分において、理性で思考し、感性で喜びや快不快、鑑賞などの情動活動を行う。この生命・精神座である魂の部分で、意識し、記憶し、決断する。科学的な思考や論理的推論などもし、生命維持活動も行う。

霊（の器）は、魂の内側の人間の最内奥にあり、神的交友座とも言われる。人はこの部分で神と交流し、神の言葉を聞き、祈りをし、神との霊的な交わりをする。この霊（の器）の成り立ちは、人の創造時の、神の息の吹き込みにあり（創世二7参照）、神との関わりにあって、人間としての人格や存在尊厳を保持している。

この人の霊の領域には、神の霊なる聖霊だけが分け入ることができて、この霊（の器）に神の言葉が届けられる。霊内には理性も感性も直感さえも入り得ない。どんなに理性や感性をもって、哲学的にあるいは精神分析的に霊の領域に入って関与しようとしても、霊の外側の魂の部分で止まってしまい、霊内には入れない。聖霊と神の言葉だけが、魂を切り分け霊の中へも入り、霊内を明るく照らして啓明し、霊的な微妙な心の動きやはかりごと、うめくような祈りにある欲求などを識別し、それが何であるかを明白にすることができる。聖霊による神の言葉だけが、「(心の)たましいと霊、(肉体内の)関節と骨髄を分けるまでに刺し貫き」(ヘブル四12、新改訳２０１７)入っていって判別することができる。ここで言う「神の言葉」とは、聖書に記されている、神のご意志を表現した御言葉である。

神の御言葉は人の言葉とは大いに異なり、「生きていて、力がある」(同四12)。しかし、それを受ける人の態度によって、神の言葉の働きの効果は異なる。人の態度とは、その言葉を神から来たものとして受け入れ、これを信じるか信じないか、神のご意志の意向に従うか従わないかの姿勢である。信じて聴従する者には、神がより明るく照らして明確にし、祝福を与えられる。しかし、無視したり聞く気のない者には、幸いな取り扱いはせず、神のさばきさえ加えられる。その結果は神の激しい怒りが自分に臨んだり、最小限でも生きながらにして死んでいる状態に放置される。「神の言葉は生きていて、力がある」(同四12)とは、「神が何かを行おうとして働かせる力には莫大な威力があって、必ず目的を果たすように行使される」ということである。

両刃《もろは》の剣《つるぎ》は切るにも突き刺すにも力があって、戦闘でこそ本領を発揮する。同じく、神の言葉は聴従する者には、両刃の剣以上に鋭く働いてくれる。しかし、聴従しない者には錆びたナイフ以下であって、働かず効果を表さない。

次に、霊に達した神の言葉は、聴従する者に対してどのように働くのかを見てみよう。神の言葉は、「心のいろいろな考えやはかりごとを判別する」（同四12、新改訳第三版）とある。人の心には、意識的にしろ無意識的にしろ、「いろいろな考えやはかりごと」がある。霊魂に達した神の言葉は、これらの人の心の思いの微妙な動きさえも見分けて、明らかにする。他人には知られていないようなこと、自分でも気が付いていないようなこと、自分の記憶からさえも消え去ってしまっていること、このようなものでさえ、神の言葉は明白にして、その人に指し示す。意識的、あるいは無意識的にかかわらず、心の深みに長年隠されていたようなことも白日の下に曝《さ》らし、本人に問い正す。神の言葉の前にあってはすべてのことが判別されて、何事も隠れることができず、露《あらわ》にされる（同四13参照）。

以上述べてきたことをまとめると、次のようになる。神の言葉は生きていて、威力があり、肉体の中の関節や骨髄さえも切り分けて入っていき、身体の内部の生命・精神座である魂をも貫き通って、人の最内奥にある神的交友座の霊にまで達し、いろいろな考えやはかりごとを見分けて、神の警告と教示を与える。人は、この神の言葉の霊への到達によって、神からの教導と知恵を与えられ、自分の実状を知らされ、罪人である自分の自覚に至り、神からの救いへと導かれる。

人は、力ある鋭い神の言葉の貫通を受け、霊魂の奥深くに潜められた自分を探られ、自分の実態を知らされることによって、自分の真の姿を知るようになる。自分の真の姿を知った者だけが、パウロが言うように「わたしはなんとみじめな人間なのだろうか」（ローマ七24参照）と嘆くことができ、救いに導かれて、「わたしたちの主イエス・キリストによって、神に感謝すべきかな」（同七25）と、喜びの声を上げることができるようになる。

主が苦しみを受けられた一つの意味

病気をした人でないと病人の苦しみは分からない。貧しい経験をした者でないと、経済的困窮に陥って、食にも困りひもじい思いをしている人の寒さを、心底知ることはできない。だから神は、ある人を世の人々の苦しみが分かる有益な人物に育て上げようとされる時、その候補者に、一般の人々が経験したこともないような、苦しい大患難の中に放り込んで、育成される。

イエス・キリストは神の御子であったが、人の苦しみに十分寄り添って立てるように、敢えて人性を採り、肉をもった人となって、この世に来られた。人々は、人の誰もが苦しむ以上の苦難をメシヤとして経験しているキリストであるから、自分の苦痛を理解していただけるだろうと信じ、心を開いてキリストの許《もと》に来る。

このことを伝えようとして、ヘブル人への手紙五章には、次のように書いてある。「キリストは、人としてこの世におられたとき、自分を死から救うことのできる方に向かって、大きな叫び声と涙とをもって祈りと願いをささげ……られた」（ヘブル五7、新改訳第三版）。「(大祭司としての）彼は、自分自身も（人としての）弱さを身にまとっているので、（神のことが十分に分かっていない）無知な（どうしたらよいのか）迷っている人々を思いやることができる」（同五2、同）。

クリスチャンにして、「神は、他の人の立場が分かるように、神が選んだ最も偉大な僕《しもべ》だからこそ、その人に厳しい苦しみに遭うことをお許しになる」ということを知らされた者は、自分が過去に苦しんだこと、あるいは現在苦難に遭っていることに喜びを与えられ、励ましを受けることになる。

このことに関し、私は、年少の頃に父の倒産によって貧窮を味わったこと、壮年時に信仰を採るのか会社を採るのかの二者択一を迫られ、仕事を干される試錬に遭ったこと、私が使命を帯びて開拓していった教会に、新しく来てその事を知ろうともしない牧師から、嫉妬と誤解によって「二度と教会へ来るな」と追い出されたことなど、いろいろな患難を経験してきた。これらも神の配慮によるもので、私がより有益な人物になるために主からの訓練であった、と受け取ることができ、感謝を献げることができる。

御心による私たち一人ひとりへの神の愛の摂理には、無駄もなければ余分なこともない。

子どもクリスチャンからの卒業

我が家の庭には、何種類かの花の鉢植えがある。特にガーベラやガザニヤ、なでしこなどは、春になると美しい花をいくつも咲かせて楽しませてくれる。いろはもみじや桂、ジューンベリーなどの新緑と共に、鮮やかな色彩を薫風に乗せて、陽光に青葉を開いて見せてくれるのは格別である。

ところが時々、咲ききらないで、小さな花びらをつけただけで萎《しぼ》んでしまうものがある。そんな時に限って、鉢を掘り返してみると、根の部分にナメクジがたくさん巣食っていて、幼根を食い荒らしてしまっている。植木鉢の底の水抜き穴から入ってきたのであろう。

ヘブル人への手紙五章には、いつまでたっても花咲かず、成長を止めてしまっている信徒のことが書かれている。少し高度な教理や「義の言葉」（ヘブル五13）としての倫理的な要求の固い食物が食べられず、いつまでも初歩的な事柄のミルクや柔かい離乳食しか口にできない信徒のことが、次のように書かれている。「あなたがたは年数からすれば教師になっていなければならないにもかかわらず、……堅い食物ではなく、乳を必要とするようになっています。まだ乳ばかり飲んでいるような者は、……幼子《おさなご》なのです。しかし、堅い食物はおとなの物であって、経験によって良い物と悪い物とを見分ける感覚を訓練された人たちの物です」(同五12～14、新改訳第三版)。

クリスチャンがいつまでたっても幼児のままでいて、成長しないのには、それなりの理由がある。根にナメクジが食いついていて、養分を吸い取っているからである。告白しきれていない罪がまだ残っていたり、悪習慣に馴《なじ》んで離れていなかったり、世間的欲望を捨てきれずに、未練がましく心の底に同居させているからである。

人に知られていない隠れた根の部分に罪が潜《ひそ》んでいて、その罪がその人の状況を見計らって誘惑してきたり、解放せずにその人を奴隷扱いしているからである。そんな状態に自分をいつまでも放っておいたのでは、固い食物を食べられる成人クリスチャンにはいつまでたってもなれない。成人ならば乗りきっていかれる試錬や患難にも耐えられず、そのうちに正気さえ失って、子どものままで消えていってしまうことになる。

完全に早く罪から離れ、欲からも解放されて、大人《おとな》のクリスチャンへと成長していきたい。

老齢にあっても盛人を続ける

私たちは、年齢にかかわりなく、霊的にそして品格的に成長を続けたいものである。人は年齢的には、生涯で幼児期のような時期を二度迎える。老年になると、記憶力、判断力は衰え、俊敏性はなくなって反応は鈍くなり、食事も固い物が食べられなくなる。咀嚼力が落ちるので、ミルクや流動食に頼らざるを得なくなる。これはまさしく幼児である。たとえ幼児のような時期を、生涯で二回迎えるにしても、二度目の幼児期にあっては、肉体は衰えようとも、精神は清冽で堅く立ち、ますます盛んにして聖に近づく大人《おとな》でありたい。

そのことはできない事ではない。肉体においては不可能であっても、霊においては可能である。信仰的な霊に関わる多くの経験や体験を積むことによって、「良い物と悪い物とを見分ける（理解し判断する）感覚を（十分に）訓練」（ヘブル五14、新改訳第三版）しておけばよく、世の中に起きてくるいろいろな事柄に関し、「善と悪を見分ける感覚を経験によって訓練」（同五14、新改訳２０１７）しておけばよい。

そのためには、いつまでも幼児が食べるような信仰の初歩的な事柄にのみ留っているのではなく、大人《おとな》が食べるような、教理的にも道徳的にも少々固い食物を普段から食べ、鍛えておく必要がある（同五12〜14参照）。そして聴く耳を大きく開いて鋭くし、神の細き御声であっても聴き逃がすことなく、精神をきよめ、心を神に集中させておくことである（同五11参照）。

人は自分で成長を止めるまでは、年寄りにはならない。神の前にあっては、「たといわたしたちの外なる人は滅びても、内なる人は日ごとに新しくされていく」（IIコリント四16）。この希望と主への信頼の中にあって心を強くし、成熟したキリスト者になって、老齢を生き抜いていきたい。

キリスト者の完全を目指す

ヘブル人への手紙六章冒頭には、「わたしたちは、キリストの教の初歩をあとにして、完成を目ざして進もうではないか」（ヘブル六1）とある。この「完成」とは、キリスト者としての完成である。キリスト者として完全になるという目標を目指して、信仰生活を進めていこうと、この御言葉は勧めている。

キリスト者が信仰者として完全になるということは、自分が定めた人生の目標というものにではなく、神が私たちに定めて「完全になれ」と命ぜられている神からの戒命である。

私は拙著を購入してくださった方から、サインを頼まれると共に「是非これを」という御言葉も添記してくれるように依頼されることがある。その場合によく引く御言葉は、次のものである。「わたしは全能の神である。あなたはわたしの前に歩み、全き者であれ」（創世一七1）。これは、アブラハムが九十九歳の時に、主が現れて、「信仰者として完全な者になりなさい」と命じられた時の言葉である。この全き者になるということは、キリスト者であるならば誰にも当てはまることであり、生涯の目標とすべきことである。

ここで言われる「完全」は、能力や知識の完全ではない。愛の完全である。キリスト者として知らないことや記憶忘れした事柄があるかもしれない。失敗することや無意識的な過失を犯すこともあるかもしれない。どこまで行っても不完全である。それは人間的能力の限界として致し方がない。しかし、愛においては、行動する動機において、あるいは隣人への執り成しや働きかける行為において、完全な愛を実行しなさい、と命じられている。神の前に聖《きよ》く生きることにおいて、完全でありなさいと命じられている。主イエス・キリストも山上の垂訓において、「あなたがたの天の父が完全であられるように、あなたがたも完全な者となりなさい」（マタイ五48）と言われている。この完全も「愛の完全」のことである。

キリスト者が人生の目標として完全な者になるようにと、パウロは次のように言っている。私（パウロ）が宣教し、知恵を尽くして全ての人に対して訓戒を与え、教え導いているのは、「彼らがキリストにあって全き者として立つようになるためである」（コロサイ一28）。そして、人が聖書に学ぶことによって、「それによって、神の人が、あらゆる良いわざに対して十分な準備ができて、完全にととのえられた者になる」（Ⅱテモテ三17）ことができる、と教示している。

キリスト者の完全に到達できるように、日々修養を積んでいきたい。

進むことは必須条件

「キリストの教の初歩をあとにして、完成を目ざして進もうではないか」（ヘブル六1）とヘブル書にある。この「進む」に目を向けてみたい。

信仰生活において「進む」ことは、人生という面から見ても重要なことである。日々の信仰生活に「留《とど》まる」や「停滞」はない。あってはならない。信仰生活においては、そこに留まるという状態はなく、進むか後退するかの二つのどちらかである。進むことが疎《おろそ》かになると、信仰的感覚が鈍くなり、生温《なまぬる》くなる。そして停滞するようになると、あとは堕落しかない。生温くなってから堕落するまでには、それほど時間を要しない。急激にすぐにも堕ちていく。

留まったら倒れて転落するということは、自転車運転に似ている。自転車が進むことを止めて停滞したら、直《す》ぐに転倒する。そして大怪我をすることになる。その意味で、信仰生活は、四輪駆動の乗用車ではなく、人が漕ぐ自転車に例えられる。乗用車に乗って、暖かくフカフカの座席に座って、冷暖房を効かせながらエンジンに頼りつつ、頑丈な車体に守られて、舗装された平らな道を行くのとは違う。防具なく厳しい雨や嵐に打たれながらも、それに負けることなく、自分の力でペダルを踏んで、デコボコの坂道を上り続ける必要がある。ペダルを漕いで走り続けない限り、止まったら最後、世の悪へと転落していく。倒れないためには進むしかない。

私たちキリスト者は、乗用車には頼れず、毎日が自転車操業でしかない信仰生活である。このことはむしろ、神の陽を浴びつつ、爽やかで快軽なサイクリングをする位の気持ちで乗り切って行きたい。そうするならば、喜びの中にありつつ、「怠ることがなく、信仰と忍耐とをもって約束のものを受け継ぐ人々に見習」って（同六12）、最後まで望みを持ち続け、約束されている御国へと到達することになる。

光の道を踏み外さずに行く

キリストは、「わたしは世の光である」（ヨハネ八12）と言われた。私は大学生の終わりの二十二歳の時に、暗黒に閉ざされた私の最内奥の霊の内に、この「光を受けて」（ヘブル六4）、私の人生が夢と力のあるものへと全く変わることになり、歩むべき方向が決定づけられた。

心に福音の光を受けることとは、その人の生涯における画期的な出来事である。この光は、神とキリストからしか受けられず、他のどんな知識や学問からも受けられない。福音のこの光は、比類なく高価で見いだし難く、尊く貴重なものである。

私はその後に、すばらしい神の賜物として、四つの霊的経験を与えられた。すなわち、

①罪からの解放という救いと、それに関わる霊的祝福、特に永遠の命と豊かな恵みによる喜びと平安という「天よりの賜物を味わ」った（同六4）。

②また神のことを知り、感じ取ることができる霊的耳目が開かれ、きよめへと導かれる「聖霊にあずかる者と」させていただいた（同六4）。

③そして人生に起こるあらゆる事柄を計画し、実行展開し推進していく神の力や、耐

えて委ねて解決を待つ忍耐力、加えて人間として真に正しく生きる道などを示す「神の良きみ言葉」（同六5）に与《あずか》り、この御言葉に導かれることになった。

④さらには生きている間中《あいだじゅう》、そして死後においても、神の国の幸いを与え続けられるという希望や確信の「きたるべき世の力とを味わ」わせていただく者となった（同六5）。

信徒の中には、これほどの神の豊かさと真実を味わい知っていながら、この神に反逆し、神から離れ、敵対していく者があると、ヘブル人への手紙には、次のように書かれている。「いったん、光を受けて天よりの賜物を味わ（っていながら）……、そののち堕落した場合」（同六4〜6）とある。これは考えられないような事であるが、過去に、また歴史上に実際に多くあった。このような人は、「またもや神の御子（イエス・キリスト）を、自ら十字架につけて、さらしものにするわけであるから、ふたたび悔改めにたち帰ることは不可能である」（同六6）ということになる。

このような人は、自分の無知で、あるいは無意識的不注意で神を拒むのではなく、自らの意志と決意をもって故意に神を拒絶し、神を自分から追い出し、背教し、以前いったん開いた霊（の器の入口）を、自分で固く閉めて、光が入ってこないようにするわけであるから、神の赦しも幸いも再び入ってくることはなくなる。このような人は、滋養をいっぱい吸ったぶどうの枝が、それでも実を結ばず、その結果切って捨てられる（ヨハネ一五6参照）ようなものである。そのために、枯れて燃やされてしまうという断罪を受けるのは、自分が招いたことであって、致し方がない。

神は、ご自分の御思いや愛を強制的に押し付けて、人をロボットや奴隷のように取り扱われることはなさらない。人間の自由というものを尊重される。それだけにその自由の結果についての責任は本人に問われる。

私たちは、受けた恵みに心から感謝しつつ、何があってもこの神から離れず、神が問われる責任を負い、義務を果たすクリスチャン生活を送っていきたい。

錨《いかり》が例える希望

錨と言っても、都会に住む人が多くなった今日においては、漁業関係者やクルーズ、ヨット、プレジャーボート愛好家のような、海に関係する人でないと、どんな形をしていて、どれ位重く、何に使うのか、ピンとこないかもしれない。

私が南フランスのコートダジュールやプロヴァンス地方を旅行した際に、白馬に乗って羊や牛追いをした牧畜集団ガルディアンのシンボル・マークとなっていた、黒色鉄製の重量ある飾り物を、お土産《みやげ》として買ってきた。これは現在、我が家の庭の煉瓦塀に、トルコのパムッカレの青色絵皿と共に吊り下げられている。この鉄製の壁掛けのデザインには独得の象徴が込められていて、上部が十字架、中がハート形、下部が錨である。その意味は十字架によってキリスト教の清廉潔白を、ハートによって受ける神の慈しみの愛を、錨によって堅固な忍耐力と不動の精神をもって、自分たちは働き、奉仕する、という信念を表し、ガルディアンの心意気を主張している。

ところで、ヘブル人への手紙六章には、希望が錨になぞらえて描かれている御言葉がある。「この望みは、わたしたちにとって、いわば、たましいを安全にし不動にする錨である」（ヘブル六19）とある。ここでは、錨は「この望み」とあるように希望を、錨を降ろして海上に浮かぶ船は私たちの信仰生活を、そして船と錨を結ぶ鎖は私たちの信仰を表している。

希望を錨として比喩で表している意味は、不動であることである。希望を錨で表した御言葉は、新約聖書でここ以外にはない。錨は、海がどんなに荒れた状態でも、繋いである船がどんなに木の葉のように揺れ動こうとも、海底の岩に爪をガッチリと食い込ませて固定させているので不動である。天候が荒れれば荒れるほど、錨は船を安全に引き留めて、その本領を発揮する。

このような錨に相当するものが、神がキリスト者に与え、約束するところの希望である。神が私たちをどこまでも守り、永遠の命を与え、御国へ入国することを確約するところの希望である。

キリスト者がどんな迫害や困難に襲われようとも、神が与えてくださる希望という錨に、信仰という鎖で固く結ばれているならば、荒天の船に乗る人の人生は安全であり、難破することなく、進んで行くことができる。この錨である希望に結びつける鎖は、確信という信仰である。希望への確信さえあれば、船と錨は切り離されることはない。

錨のような不動の希望に、望みと確信を堅固に高く繫《つな》いで、安全にかつ安心して、信仰生活を進めていきたい。

契約と約束の異同

契約と約束は異なる。契約にも約束にも、共通点はある。それは、
①将来実現する事柄についての、二者相互間の取り決めの事項である。
②契約も約束も、破棄されない期間中は、交わした内容は継続して有効であり、取り決め事項に効力がある。
契約と約束の違いは、
①契約は相互が納得して承認し合っているのに対し、約束は、約束した側にそれを実行実現する責任があり、約束された側は受け身であって、約束が必ず実行されるとの強制はできない。
②契約に求められる姿勢は忠実であり、約束に求められる心構えは誠実である。
国語辞書によれば、忠実とは、相手に対して真心《まごころ》があって、優しく懇切丁寧に取り扱うことであり、誠実とは、行う自分に一切の偽りがなく、実行するには秩序を守りつつ真面《まじ》目《め》に接することである。忠実には相手があるが、誠実は自分に関することである。

交わした将来の実行内容が効力あるためには、契約を結んだ相互が、その契約内容が実

現するように意欲を持ち続け、努力する、という忠実が求められる。約束の場合は、約束した側が、その約束を受けた側に、実現するように意欲し努力し続ける、という誠実が求められる。約束を受けた側に、誠実さは問われない。

ところで、聖書の旧約と新約の「約」は、契約の約であって、約束の約ではない（ヘブル八8〜9、13参照）。人が神と交わり、信仰によって関係を結び合うのは、神と人との相互間の契約なのであって、一方的である約束ではない。

旧約の契約は、シナイ契約が示すように、「神が示す律法を守るならば、神はイスラエルの民を神の民として扱う」との提示に対して、民のほうは「遵守すると宣言して受け入れる」契約である（出エジプト一九6〜7参照）。新約の契約は、「御子キリストが十字架において罪を贖い、その血によって人の原罪をきよめて神の民とする、といったことを受け入れるならば、それが実行実現される」との神からの提示に対し、人の側がそれを「信じて受け入れる」という契約である。

上記のような契約に関し、イエス・キリストが、神と人との間の仲介者となって、旧約の契約よりも更にすぐれた内容である新約の契約を結べるように、ご自身が身をもって契約の内容となり、かつご自身が神の前に執り成しをする大祭司となって、両者の契約の保証となられた。このことがヘブル人への手紙に、次のように書かれている。「このようにして、イエスは更にすぐれた契約の保証となられた」（同七22）と。

補足になるが、キリスト教での神との契約は、一方的な契約である、とよく言われる。そのように一方的であるならば契約ではなく、約束ではないかと考えられやすい。しかし、契約であることに間違いはない。誤解されやすく、かつ一方的であると表現される理由は、契約する両者のうちの一方が、恵みと言われるように、実行すべき事柄が莫大にして非常に重い内容であるのに対し、もう片方は、それをただ信じて従えばよいと、微小にして軽微な内容だからである。一方的な約束にも等しいと思われるほどのものだからである。神と人との間の信仰による契約である以上、求められることがどんなに軽く見える責務であったとしても、「信じ、従う」という応答だけは人に必須とされる。

神と交わした契約が我が身に実現されるように、保証者イエス・キリストの贖罪ときよめを信じて、忠実に歩んでいきたい。

現在見えない大祭司

イエス・キリストが、今、私たちの側《そば》に居《お》らず、また見えないのはどうしてであろうか。十字架による贖罪という大業を成し終えて、安息に入るために昇天されて、天におられるからであろうか。私たちはともするとそのように考えやすい。主イエスは、地上で日々の貧窮に甘んじながらも、福音宣教と弟子訓練に労苦された。最後には、人類のすべての罪をお一人で負いきり、十字架上で命を落とされた。となると、当初におられた神の御許《みもと》に帰って行って、天の父から「よくやった」との祝福を受け、神の右の座にあって安息しておられてもよい。だから今はこの地上におられず、私たちの目にも見えず、安らぎの中で休まれているのであろう。このように考えやすい。

ところが聖書にはそのようには書いていない。今も主イエスは、神の右にあって、私たちのために神に執り成しをされている。大祭司としての働きを現在も続けておられる。それは、次のように書いてある、「このような大祭司（イエス・キリスト）がわたしたちのためにおられ、天にあって大能者（神）の御座の右に座し」（ヘブル八1）、「彼は、いつも生きていて彼ら（信徒）のためにとりなしをしておられるので、彼（キリスト）によって神に来る人々（私たちキリスト者）を、いつも救うことができるのである」（同七25）と書かれている。

私たちの救い主であるイエス・キリストが、今は見えず、私たちの側《そば》におられないことは、旧約の大祭司がどのようにして職務を遂行したかを思い起こしてみると分かりやすい。旧約の大祭司は、年に一度、民の罪を神に赦していただくために、供え物といけにえを携えて幕屋の至聖所に入り、神の前に出て、民のために執り成しをした。その間、民は幕屋の外で待機しており、大祭司がどのような状態と言葉をもって至聖所から出てくるのか、今か今かと待っていた。当然その間は、民にとって大祭司は自分たちの側にはおらず、姿を見ることもできなかった。同じようにして主イエスは、私たちの大祭司として今現在も見えないが、神の前にあって執り成してくださっている。

新約のすぐれた大祭司イエス・キリストは、天の父のところへ行って見えなくなっているご自分の代わりに、助け主なる聖霊を送って私たちと共にいるようにし、導いてくださっている。

主イエスの現在の執り成しに感謝しつつ、聖霊の導きを受けて、心安らかなうちに、信仰生活を進めていきたい。

新契約による四つの恵み

旧《ふる》い契約（旧約）が破棄されて、新しい契約（新約）が神と人との間に結ばれるようになることが、主イエス・キリストが来臨される六百年以上も前に、エレミヤによって預言されていた（エレミヤ三一31～34参照）。その預言の言葉がそのままヘブル人への手紙八章8～12節に引用されて、イエス・キリストによって成就された、と記されている（ヘブル八6、13参照）。

新しく提示された契約で、かつて預言されていて、キリストによって成就された四つのことが、恵みとして御言葉のうちに表示されている。それは、

①戒めが石にではなく心に記されること（同八10）

②神の民としての特別な関係が結ばれること（同八10）

③神を知るようになること（同八11）、

④罪が完全に赦されること（同八12）

の四つである。この①～④をもう少し詳しく以下に見てみよう。

①キリストによってもたらされた新契約の恵みである第一のことは、私たちにとって

神が望んでおられる御心に沿うように行動することが、嫌々《いやいや》ながらではなく、喜びをもって守るように変えられることである。それは、かつての旧約のように、石の板に刻まれた律法によって、外部から強いられるかのようにして、義務的に掟《おきて》を守るのではなく、神の戒めが、聖霊を通した愛によって柔かい心に記されるようになり、人のほうから自由に自主的に、神の御旨を満たそうとするようになるからである。

このことは旧約において、次のように預言されていた。「わたしは新しい心をあなたがたに与え、新しい霊をあなたがたの内に授け、あなたがたの肉から、石の心を除いて、肉の心を与える。わたしはまたわが霊をあなたがたのうちに置いて、わが定めに歩ませ、わがおきてを守ってこれを行わせる」（エゼキエル三六26〜27）。これが新契約によって成就した。

②御子の来臨に伴う新しい契約の恵みによって起こる第二のことは、世にはないような、神との特別な関係が結ばれるようになり、「わたしは彼らの神となり、彼らはわたしの民とな」って（ヘブル八10）、キリスト者は神の国の住民となる。私たちは天に国籍をもって、特別に「選ばれた種族、祭司の国、聖なる国民、神につける

民」（Iペテロ二9）となるからである。

③新しい契約の下《もと》に入った者は、「かれらはことごとく、わたしを知るようになる」（ヘブル八11）とあるように、天の父と御子キリストを、知的に冷たく頭脳によって知るのではなく、経験的に暖かく、優しい人格に触れて、心で神を知るようになる。

キリスト教において「知る」とは、特別な意味があって、知識によって知る以上に、人格的に親密に一体となるような関係に入ることである。新約を結ぶようになった者は、神の存在や神の属性などを知る以上に、神の恵みや力、神からの愛などを実生活の中で体験して知り、神と親子のように親しくなる。

④第四の新約の恵みは、今まで犯してきた罪を、神から二度と責められることはないことである。神は私たちの過去の罪を、キリストの贖いによって全く赦し、忘れ去ったかのようにして思い出すことさえしない、と言われる。「わたしは、彼らの不義を（何をしているのか分からずに、自制できずにそれをしてしまったのであろうと）あわれみ、もはや、（今後二度と）思い出すことはしない」（同八12）と言われる。

誰かが自分へ不正をしたり、憎悪したりして罪を犯した場合に、それを恨みに思っていつまでも忘れずにいるとか、記憶にあってそれを時々思い出すというのでは、相手の罪を赦したということにはならない。完全に赦すということは、記憶からも全く消し去り、思い出すことさえしないことである。

新契約によってクリスチャンになった者の実際は、上述の①↓④とは逆の順序を通ると言ってよいであろう。すなわち、④罪赦されて↓③神を知るようになり↓②神の民に加えられ↓①聖霊によってきよめられ、御心に全く従うことができる者となる。

血による贖罪ときよめ

「血を流すことなしには、罪のゆるしはあり得ない」（ヘブル九22）とある。なぜ、血を流すことがなければ、罪が赦されることはないと、聖書は言うのであろうか。

血による赦しを考えるに、旧約時代には、神から罪を赦していただくために、大祭司が年に一度、動物犠牲の血を携えて至聖所に入り、祭儀器具や契約の箱の蓋へその血を注ぎ振り掛けた（同九7、19〜21参照）。新約に入っては、イエス・キリストも十字架上で手足の肉が釘によって引き裂かれ、槍で脇腹を突かれて血を流され、この血によって罪を贖い（同九12参照）、罪をきよめられた（同九14、一〇10参照）。

さて、人も動物も大量の出血があれば死に至ることを、古い昔から人は見て経験し、知っていた。このことから、血には命があると人は知覚していた。そして、全知全能にして聖なる神に対して犯した罪は、あまりにも重大な罪であるので、人が少々反省したり単に口で謝罪した程度では赦されず、高価でかけがえのない自らの命をもって償わなければ赦されないことも、人は認識していた。

だからといって、自分の罪を赦していただくために、自分の命を差し出すことにしたら、自分は死ぬしかない。そこで旧約の人々は自分の命の代わりに、動物に身代わりとなってもらって、動物の命である血を神の前に奉献した。

しかし、実際の生活において、この動物の血では人の罪を洗いきよめるだけの効果がない。犠牲の血を振り注いだそのすぐ後から、人は再び繰り返し罪を犯すことをした。すなわち、動物の血には、人の罪を贖いきよめる効力がなかった（同九9、一〇1〜4、11参照）。これが律法による旧《ふる》い契約の実態である。

そこで、人の罪を完全に赦し、罪の根元をきよめて罪を繰り返すことがないようにするために、神であり人である御子イエス・キリストが来臨され、人類の罪を自らの命と血によって贖罪し、罪の元凶となっている原罪をきよめることをされた（同一〇12、14、17参照）。このことを確約するように、主イエスは最後の晩餐の席で、次のように言われた。「これは、罪のゆるしを得させるように、多くの人のために流すわたしの契約の血である」（マタイ二六28）。

人は、御子キリストが自らの命と血をもって贖罪し、きよめてくださることを心から信じ告白するならば（ローマ一〇11参照）、完全に罪は赦され、罪の根は取り払われ、再び故意に罪を犯すことがない心の者に変えられることになった（Ⅰヨハネ五18参照）。

この新約における新しい契約となってくださった、キリストの血による罪の贖いときよめを信じて従っていきたい。

キリストの三顕現

救いには、新生、聖化、栄化の三段階がある。救い主であるイエス・キリストはこの各段階のそれぞれに、違った働きで関与しておられる。新生が過去における罪からの救いであり、聖化が現在において原罪からの解放の進行であり、栄化が未来において聖化の完了と肉体の霊化という救いの完了であるように、それぞれの時制と段階で、救い主イエス・キリストは顕現という面で関与しておられる。

①見えない神であったキリストは、人のかたちをとって人の世に遣わされて顕現し、肉体を裂く十字架によって贖罪し、人の新生を完成された。

②十字架上で処刑されて命を落とされたキリストは、甦りによって再び人の世に顕現して永遠の命の付与を保証された。そして人に宣教の使命を与えられた（マタイ二八19～20参照）後に、自分に代わって聖霊が送られることを約束して（使徒一4～5参照）昇天された。現在は神の右の座にあって、大祭司として、人のために執り成しをしておられる。キリストに代わって来られた助け主なる聖霊は、私たちの聖化を導き、助けを与えてくださっている。

③キリストは御国の準備が整い次第、また救いの世界宣教が行き渡り次第、私たちを御国に迎え入れるために、再臨によって三度目の顕現をされる（ヨハネ一四3参照）。

これらの三つの顕現について、ヘブル人への手紙九章には、次のように記述されている。

①第一の過去の顕現は、「ご自身をいけにえとしてささげて罪を取り除くために、（終末が始まる）世の終りに、一度だけ現れた」（ヘブル九26）。この現れは、「世の罪を取り除く神の小羊」（ヨハネ一29）としての働きであり、これを信じるそれぞれの人に贖いが適用され、罪が赦され、各人は罪の束縛から解放された者になる。

②第二の現在の顕現は、死からの復活の顕現と昇天後の大祭司としての現れであり、「キリストは……上なる天にはいり、今やわたしたちのために神のみまえに出て下さった」（ヘブル九24）。キリストが天の父の前に出て、私たちのために祈りを執成してくださり（ローマ八34、ヘブル七25参照）、また私たちの至らないところを弁護してくださっている（Iヨハネ二1参照）。それで私たちは、この地上で安心・安全に、そして平安のうちに生活していくことができる。

③第三の未来の顕現は、「キリストもまた、……彼を待ち望んでいる人々に、（かつての）罪を負うためではなしに二度目（再臨）に現れて、救（の完成）を与えられる」

（ヘブル九28）。その時には、私たちの霊魂は、聖化が完成されてキリストに似た者とされ、肉体も霊的からだを与えられて、身体的にも救いが完成される。すなわち心身共に創造時の人の本来の姿を取り戻し、神の国に永遠に住む者となって、私たちへの神の救いが完成する。

この三つの顕現は、キリストが負われる三様の働きを示している。それは過去の神の意志の代執行をする預言者として、次に現在の執り成しをする祭司として、三つ目に将来の御国を統治する王としての、三様の働きである。

垂れ幕を裂かれた主

礼拝堂の講壇から私の耳に明瞭に入れられた一つの声を、今思い出す。イエス・キリストが十字架にかかって最後を迎えられた時に、「イエスは声高く叫んで、ついに息をひきとられた。そのとき、神殿の幕が上から下まで真二つに裂けた」（マルコ一五37～38）。このところに説教が及んだ時点で、上野教会の杉本勉牧師は殊更《ことさら》に声を大にして、「上から下へ裂けた」ことを強調された。師は言われた、「上から下へですよ。下から上へではないのです。聖所と至聖所を分ける垂れ幕を人が引き裂くならば、下から上へでしょう。しかしこの時は、主イエスの贖罪が完了し、救いが成就したので、天の父が裂いて左右へ真っ二つに分け、隔ての垂幕を取り除かれた。だから上から下へ裂けたのです」と。

このところの場面をヘブル人への手紙の記者は、次のように表現している。「彼の肉体なる幕をとおり、わたしたちのために開いて下さった新しい生きた道をとおって（至聖所へ）はいって行くことができる」（ヘブル一〇20）。すなわち、イエス・キリストの肉を裂き、血を流して奉献された肉体という幕を通り、聖所と至聖所を分け隔てていた垂幕は取り除かれて、キリストという新しい命ある道を通って、大祭司に限らず私たち誰もが至聖所内の神に近づくことができるようにしてくださった。だから「兄弟たちよ。こういうわけで、わたしたちはイエスの血によって、はばかることなく（至）聖所にはいることができる」（同一〇19）ようになった。

このように、主イエス・キリストが神へ近づける生きた道を切り拓いてくださったので、私たちは恐れることなく、また臆することなく、「大胆に神に近づくことができる」（エペソ三12）。だから、「まごころをもって信仰の確信に満たされつつ、（神の）みまえに近づこうではないか」（ヘブル一〇22）と奨められている。

神への道を開いてくださったキリストであるがゆえに、主イエスは次のように言われて、私たちを信仰に堅く立たせられる。「わたしは道であり、真理であり、命である。だれでもわたしによらないでは、（天の）父のみもとに行くことはできない」（ヨハネ一四6）。

見捨てられる背教者

信仰を持った者が、キリスト教を離れるようになって、再び戻ってきた場合に、どう取り扱うか。それは、次の御言葉によって、歴史上でも何度も大問題になった。「もしわたしたちが、真理の知識を受けたのちにもなお、ことさらに罪を犯しつづけるなら、罪のためのいけにえは、もはやあり得ない。ただ、さばきと、逆う者たちを焼きつくす激しい火とを、恐れつつ待つことだけがある」（ヘブル一〇26～27）。「神の良きみ言葉と、きたるべき世の力とを味わった者たちが、そののち堕落した場合には、またもや神の御子を、自ら十字架につけて、さらしものにするわけであるから、ふたたび悔改めにたち帰ることは不可能である」（同六5～6）。

これに関連する大きな事件は、西暦二四九年にローマ皇帝に就いたデキウス帝の時代に起こった。ローマ帝国が衰退に向かう原因は、蛮族の侵入や財政危機にあったのだが、デキウス帝は、「我が帝国民が古代の神々を棄て、文明を受け継いだ伝統を忘れ去っていることにある」と判断し、「栄光を取り戻すためには神々を礼拝するようにしなければならない」として、人民に古代の神々を礼拝させるようにした。この勅令に従わない者は反逆罪とし、キリスト教徒には棄教を迫った。

偶像を拝むことを拒否して、堅く信仰を守り続ける者には、過酷な拷問などの激しい迫害が待っており、そのために棄教・背教していく者が多かった。デキウス帝の死後、発布されていた勅令が解かれて、棄教した者たちが教会へ戻ってきた時に、復帰を認める・認めないで大論争が起こった。この時は、条件を付けて受け入れることをローマ教会は決定した。しかし、その後も、洗礼を受けたクリスチャンが、棄教を含め罪を犯し続けた場合に、教会はどう取り扱うか、西方教会内で繰り返し対立を生み出す問題となった。

現代の私たちにとって、この問題をどのように対応していくべきであろうか。キリスト教を一度信じて、その後に棄教・背教した者の信仰復帰を、どのように取り扱うべきかは、二つの場合に分けて考えねばならない。一つは、この世の生活において、故意に背教を続ける場合であり、もう一つは、最後の審判時での神による判定と取り扱いである。

第一に、この世での罪を考えてみる。信仰を離れたわけではなく、私たちは、知らなかったために犯した無知による罪や、自分の人間的な弱さゆえに犯してしまった罪、意図なく犯した過失の罪、頭が混乱し動転して犯してしまった罪などがある。これらは悔い改めて謝罪し神に帰るならば赦され、受け入れられる。しかし、前もって思考され、悪意をもって計画され、意識的に実行した故意の罪は、真摯に心から悔い改めない限り赦されない。意図的で継続的で、改めることを頑固に拒否して犯し続ける罪は、神から断罪され、教会からは締め出される。このような罪を犯す人は、「(救いの)真理の知識を受けたのちにもなお、ことさらに(敢えて、故意に)罪を犯しつづける(継続する)」(同一〇26)わけであるから、この態度や行状は、「神の子(イエス・キリスト)を踏みつけ(侮辱し、価値を認めず)、自分がきよめられた契約の(イエスの)血を汚れたものと」する(同一〇29)のであるから、もはや贖いの恵みは残っておらず、神のさばきを受けることになる。

第二に最後の審判時でのさばきであるが、聖霊は神の霊であって、神の恵みを私たちに付与しようと、この地上で生活している間中《あいだじゅう》、忍耐をもって働き続けてくださっている。ところがこの「恵みの御霊を侮り」(同一〇29)、聖霊を蔑《さげす》んで拒絶し続けた者は、最後の審判で「逆らう者たちを焼きつくす(地獄の)激しい火」(同一〇27)に投げ入れられる運命が待っているしかない。

上記のとおり、一度神の真理に与《あずか》った後に、背教を続ける者への神のさばきは、この世でと将来の二種類がある。一つはこの地上の生活において、神との関係の断絶から来る生活上の苦しみが連続するというさばきであり、生きながらにして、落胆や失望、憂鬱や無気力などが続き、喜びや平安が全くなく、死んだ状態が続くという、神からのさばきである。二種類目のさばきは、最後の審判において、神から見離されて断罪を受け、ゲヘナ（地獄）へ投げ込まれて永遠の激痛と渇きを受け続ける、というさばきである。

どちらのさばきにしても、「生ける神のみ手のうちに落ちるのは、恐ろしいことである」（同一〇31）。

何かの事情でキリスト教信仰を離れることがあったとしても、心から悔い改めて神に立ち返ることである。そうするならば、神も教会も、帰ってきたことを受け入れてくれるし、罪を赦し、恵みの生活へと再び迎え入れてくださる。

約束を忍耐して待つ

私がまだ若かった頃、ある問題の解決を急いで、上野教会の杉本勉牧師に相談したことがある。その時、師は私をたしなめ諭して、次の御言葉を与えてくださった。「この幻はなお定められたときを待ち、終りをさして急いでいる。それは偽りではない。もしおそければ待っておれ。それは必ず臨む。滞《とどこお》りはしない」（ハバクク二3）。師は私に、「神には神が定めた時というものがある。それを待ち望みつつ、忍耐して待ちなさい」と言われた。待った結果、この願いは成った。

「信仰とは忍耐である」と言われるほどに、信仰には、神への信頼による忍耐を続けて待ち望む、という姿勢が必要である。教会において、何人かのご婦人がたが、自らの伴侶の救いを待ち望み、何十年間と長く祈り続け、ついにご主人が信仰を持つようになって、洗礼の祝福を授かるようになった、との勝利の証詞を時々聞くことがある。

人は一つの望みを持つと、一日も早く、一刻も早く成就することを強く願う。しかし、主は私たちの願いを聞いてくださり、祈りを受け入れてくださるが、人の思いと主のご計画の進行とは異なる。そこに必要なことは、人にとっては忍耐であり、必ず成ると信じて待つことである。その成就をいつにするかは、主が決めておられる。明日かも分からないし、数か月後あるいは数十年後かも分からない。それでも望み願うことは必ず成ると信じて、祈って待つことが、信仰というものである。信仰に忍耐がなかったら、成るものも成らなくなる。

だからヘブル人への手紙の著者は、次のように言う、「あなたがたが神のみこころを行って、約束のものを手に入れるために必要なのは、忍耐です」（ヘブル一〇36、新改訳20 17）と。もし私たちが望んでいる事を自分の身に成就していただきたいと願うならば、そのために人間的な画策を施したり、いろいろな手段を弄《ろう》したり、自分なりの能動的な働きかけをするのではなく、効果がないと見えるようなことであっても、神が「こうしなさい」と言われるみこころに従って、これを続け、神が成してくださることを信じ、忍んで待つことである。

待ちきれないでイライラしている私たちに対し、神の側こそ私たちに忍耐しつつ、神に対する信頼と忠誠をもって従ってくることを、待っておられる。だから御言葉をもって、次のように言われる。「ある人々がおそいと思っているように、主は約束の実行をおそくしておられるのではない。ただ、……あなたがたに対してながく忍耐しておられるのである」（Ⅱペテロ三9）と。

信頼して待ち、主から望みを成就していただこう。

各種の力を与える信仰

ヘブル人への手紙一〇章を読んでいると、信仰による効力・効果の展示会を見ているようである。鑑賞してみると、次のようなことが書かれている。

(1)エジプトの宰相となったヨセフは、エジプトからの脱出・解放があるとの希望を抱いて、その時には自分の遺骨を持って出て、イスラエルの地に埋葬することを命じた（ヘブル一一22参照)。このように、信仰は将来への確かな希望を与えてくれる。

(2)モーセが生まれた時期に、エジプト王パロは、イスラエル民が増えて栄えるようになることを恐れ、イスラエル民に生まれた子は殺すように命じた。それでもモーセの両親は恐れることなく、赤子モーセを三か月の間隠して画策し、神の取り計らいによってついにパロの娘の手に渡るようにされた（同一一23)。信仰はこのように、弱い者に知恵と大胆さを与えてくれる。

(3)モーセがエジプト王宮で成人になったとき、パロの娘の子として優雅に生活することよりも、同胞のイスラエル民を救い出すべきであるとの道を選択した（同一一24)。信仰は安穏な生活よりも、人としてあるべき姿へ向かおうとする、堅い決心を起こさせる。

⑷モーセは王宮で過ごす歓楽に耽《ふけ》るよりは、たとえ虐待されようとも、神の民として生きる道のほうを選んだ（同一一25）。信仰は、信じるゆえの苦しみを受けることを忌避しようとは思わなくさせる。神の報いを望み見ることができるので、受苦をむしろ喜びとさせるからである（同一一26）。

⑸モーセはエジプト王宮を離れ、神と共にあって神から鍛えられるために、ミデアンの荒野へ入って行った（同一一27）。信仰は恐れを取り除き、堅固で雄大な勇気をその人に植え付ける。

⑹出エジプトしたイスラエル民は、紅海渡渉して、対岸の地へ渡りきる行動を完成させた（同一一29）。信仰は、儚《はかな》い世から脱出し、新地へ向かう行動に奮起させる。

⑺乳と蜜の流れる約束の地へ入っていくに当たり、エリコ攻略を企てたイスラエル民は、信仰によって、頑強な城壁の周りを七日にわたって回り、崩れさせ、勝利を獲得した（同一一30）。信仰は、必ず勝利へ導いてくれると信じて、神意とあらば常識外《はず》れと思えるような方策をも採り入れる。

私たちも以上のような信仰の勇者に倣って、信仰を基《もとい》とした確信と力を与えられ、恵み溢れる勝利へと進んでいきたい。

まだ見ていない事実を確認する

私は、信仰によって力を与えられ、その強い力によって助けられた経験がある。中国の上海へ新会社を創業して、生産品を日本の本社へ輸出せよと命じられた時のことである。共産党一党独裁の体制下で、法律や社会制度もまた人民の生活意識も日本とは全く異なり、私には言葉が全然分からない異国の地へ出て行って、何もない状態から一つの経営体を創って操業し、センサ生産を軌道に乗せて、製品を輸出せよ、との社命であった。

自分では見たことも聞いたこともない、一度も足を踏み入れたことのない海外の土地へ出て行って、工場を立て上げ、どんな人たちなのか皆目分からず、言葉も異なる多くの人々を集めて教育訓練し、高品質で高技術が詰まったセンサを作り上げるように命じられた時には、どうしたらよいものか全く先が見えず、どこからどのように手を付けたらよいのか、思い悩んだ。

それでも私は、国内準備から始め、現地で工場を立ち上げ、設備を導入整備し、従業員を雇用して教育訓練し、生産へと結びつけていった。これらの詳細は、拙著『満たされた生涯』の四三八〜四八五頁に記載してある。興味ある読者は、そこをご覧になっていただきたい。

この工場創業から会社経営に至る私の活動を支え、導いてくれたのが、青年時代から持っていたキリスト教信仰であった。その骨子となる事柄は、①会社完成の幻を見させ続けていただいたことと、②「恐れるな、おじけるな。わたしがあなたと共にいる」（ヨシュア一5、7、出エジプト三12参照）との約束であった。
①私は、調査・企画の国内準備の初めの時点から、最後の段階の将来の完成したところの会社工場を主から見させられていた。この幻は、生産を開始し輸出するようになるまで、一度も揺らぐことがなかった。そして、②相談者も助言者もない孤独の中で進めていかなければならない会社建立で、不安はあったものの恐れはなかった。それは、主がいつもインマヌエル（神われらと共にいます）との約束と確信が、私の内に燃えていたからである。
私が日本を離れ、上海へ向かう時の心境は、「信仰によって、アブラハムは、受け継ぐべき地に出て行けとの召しをこうむった時、それに従い、行く先を知らないで出て行った」（ヘブル一一8）、これであった。そして、目の前の見える状況がどのようなものであれ、私の心の内にあって見続けることができた幻は、完成した暁の姿の会社工場であった。この事実が私に与えられ、その完成した姿が私の到達することを待っていると示す喜びと

励ましと確信であった。まさしく次の御言葉そのものであった。「信仰とは、望んでいる事がらを確信し、まだ見ていない事実を確認することである」(同一一1)。

信仰の眼が偉大なのは、他の人が見えない事柄を見ることができるということである。

加えて、主が常に私と共にいて助け導き、力を与えてくださるとの約束は、私にどんなにか勇気を与え、奮い立たせてくれたか知れない。どんな困難や先が見えない状況が続き、次々と創業に向かっての数々《かずかず》の問題が襲ってきても、モーセが「見えないかたを見ているようにして、忍びとおした」(同一一27)ように、私は主と幻を見詰めて、明るい先を見通すかのようにして、会社立て上げを進めていくことができた。

信仰があれば、神はその信仰を喜ばれる。そして神ご自身を求めてくる者には、必ずそのようになるよう報いてくださるものである。このことは同じヘブル書一一章に、次のように書かれている。「信仰がなくては、神に喜ばれることはできない。なぜなら、神に来る者は、神のいますことと、ご自身を求める者に報いて下さることとを、必ず信じるはずだからである」(同一一6)。

上海芝浦電子を創業するように命じられた時に、そのことが成るようにとの強い願望と成らせてみせるとの固い決意が私になかったわけではない。しかし、それを遙かに超えて私を強め導いたことは、共にいてくださるとの神の約束と、それを必ず成らさせるとの幻を見させて導き続けてくださった神の恵みである。信仰には、理性では説明できないこのような力強さと確かさがある。

「信仰とは、望んでいる事がらを確信し、まだ見ていない事実を確認することである」（同一一1）とのこの御言葉は、確かに信仰の本質の一つの事項を、信仰の優れた特質として明らかにしており、信仰が持つ真実と力とを、明確に表している。

信仰の有り方を聖徒たちから学ぶ

どんな信仰の営みをし、どのような歩み方をしていくべきかを、ヘブル人への手紙の記者は、その一一章にまとめて著した。

(1)エノクは、「神とともに歩み」(創世五24)生前の日々の歩みが正しく、神に喜ばれたゆえに、死を見ないで天に移された(ヘブル一一5参照)。信仰生活をどのように過ごすべきかを、エノクは模範的に示している。正しい信仰は死をも超越させるものである。

(2)ノアは、神の啓示に従って、乾いた地に大きな箱舟を造って、人々に信仰の証詞をし続けた。その結果、大洪水が来た後に、ノアの家族だけが救われ、地に残る者となった(同一一7)。

ノアは、日々の生活と行動をもって、世の人々に神の御心を伝え、信じて真摯に生きるべきことを、生活を通して語り続けた。

(3)アブラハムは、「親族を離れて、わたしが示す地へ行け。そこであなたを栄えさせる」との御言葉を受けて、その神の命令に従った(同一一8)。その結果、カナンの地に住みついて、イスラエル民族の祖となった（同一一12）。

信仰においては、神を信頼し、神の約束を信じ、神に自分の生涯を全面的に委ねる、という姿勢が必要である。
(4)アブラハムは、「愛するひとり子イサクを、モリヤの山で燔祭（全焼のいけにえ）として献げよ」との神命を受けたときに、一言《ひとこと》も反問することなく直ちにこれに服従し、結果的に、彼の信仰の真実なことを認められ、復活を保証するイサクを再び得た（同一一17〜19）。
信仰には、不条理にさえ思える神からの要求があっても、それが神の命令であるならば、神になぜだと問うことをせず、問題は神が解決してくださると信じ委ね、全く服従するという態度が必要である。
(5)アブラハムもイサクもヤコブも、地上では旅人であり寄留者であると自覚して（同一一13）、自分の帰るべき故郷である神の都に住むことを待ち望み（同一一10、14）、天幕生活を続けた（同一一9）。
このように、私たちは信仰によって希望を抱き、これを待ち望みながら歩んでいくことが求められている。

昔の聖徒たちが示した信仰生活の模範は、状況や場合によって各自それぞれ内容が異なっている。私たちは信仰の先輩たちが示してくれたそれぞれの信仰の歩み方から、多くのことを学び取り、自分の信仰を、神の前に歩むにふさわしい誠実なものとしていきたい。

神の報いを望み見る

信仰の勇者列伝がヘブル書一一章には書かれている。中でもモーセについては多くの字数が当てられている。

パロの娘の子として育てられたモーセであるが、雇われた乳母［実はそれはモーセの実母ヨケベテであったが（出エジプト二1～9、六20参照）］から、自分がイスラエル民であることと、その神を信じ従うべきことを教えられた。成長するにつれ、青年モーセは、次のように心が固まっていった。「信仰によって、モーセは、成人したとき、パロの娘の子と言われることを拒み、罪のはかない歓楽にふけるよりは、むしろ神の民と共に虐待されることを選び、キリストのゆえに受けるそしりを、エジプトの宝にまさる富と考えた」（ヘブル一一24～26）。

そして、エジプトの奴隷監督者が労役するイスラエル民を虐待するのをモーセは見て、これを裁いて殺してしまった。このことでエジプト王パロの怒りをモーセは買うことになり、彼はミデアンの地へ逃げるようにして立ち去った（出エジプト二11～12、15、ヘブル一一27参照）。

モーセに限らず、私たちクリスチャンの誰であっても、自分が神の民であると自認する者は、神の敵として立つ人々から攻撃される標的となるものである。このことは罪に満ちた世に住む聖徒にとって、現代においても受けるべく定まった法則である。

モーセの取った行動は、神の都とその富という「まだ見ていない事実を確認し、望んでいる事がらを確信する」（ヘブル一一1参照）ことから出てきた決断であった（同一一10、16、26参照）。モーセが心に抱き望み見たように、私たちにとって、キリストを信じ従うがゆえの人々からのそしりや虐待は、世が約束する宝に比べ遙かに勝る大きな富である。なぜなら、キリストへの服従に対する神からの報いは、世が与える豊かさと比べるならば、それを遙かに超えた莫大な富裕そのものだからである（同一〇26参照）。

モーセが優れた人物であることを示す証左の一つは、人生にはこの世が与える物質的あるいは精神的な宝よりも、もっと高潔で価値あるものが、神によって備えられている、ということを、彼が知っていたことである。私たちもこの知恵に倣いたい。

モーセだけでなく、ヘブル人への手紙一一章後半には、次のようにも書かれている。「このほか、何を言おうか。もしギデオン、バラク、サムソン、エフタ、ダビデ、サムエル及び預言者たちについて語り出すなら、時間が足りないであろう」（同一一32）、「あるいは、石で打たれ、さいなまれ、のこぎりで引かれ、つるぎで切り殺された」(同一一37)。

ここに書かれているように、最も高貴な子と評価されるべき人々を、この世が正しく評価できなかったという事実は、現在に至るまで今もって真実である。このことを覚悟しつつクリスチャン生活を送っていかざるを得ない。

変わらない神の真実

ヘブル人への手紙一一章は、模範的信仰者に関し、アベルから始まって、エノク、ノアへ、そして信仰の父アブラハムから大指導者モーセに至り、イスラエル繁栄王ダビデからエレミアなどの大預言者まで、彼らが「信仰によって」（ヘブル一一3、4）真摯に生き抜いたことが書かれている。この記事を、ただ彼らが信仰によって戦い、戒め、あるいは確立し、教導したことの一つひとつであるとしてだけ、受け取るのではもったいない。

彼らのそれぞれの事件は、アブラハム、イサク、ヤコブの族長時代が紀元前十九～十七世紀、モーセ、ヨシュアによる出エジプトが紀元前一二九〇～一二五〇年とすると、現在に至るまでの四千～五千年の間、信仰という唯一神を信じる活動が、全く変わることなく有効であった、ということに目を留めなければならない。

これらの歴史上の個々の信仰者には、状況も環境も、また抱えた問題も、それぞれ全てにわたって異なっていた。そして彼らには異質な課題や患難試錬が、次々と襲ってきた。しかしそれでも、これらの人々が、一つの「信仰によって」切り抜け、解決していったこと、そして「信仰によって」、自分固有の使命と生を全うし、最後には天の御国へ還っていったこと。このことに注意を向けなければならない。

これら積み重ねられた事実は、信仰が教えることは真理であり、キリスト教の指し示すことが真実であることを証明している。そして、それほどに信じ従うことには力があり、何事も成就していくことに威力があることを、高らかに証詞している。

それでは、なぜキリスト教にあっては、何千年にもわたって多くの人々にこのように一つの真実が貫かれ、かつ何事にも対処していく力があり、これを信じて従っていく者には、生き抜く力が与えられるのであろうか。それは、信じる私たちの天の父が真実な方だからである。そして、全知全能の知恵と力を持っておられる方だからである。そうでなければ、人類の全歴史を通じて、聴従する者には誰一人漏れることなく、力と幸いを確実に与え続けることはできない。

このような父に、自分の命を預けて、従っていきたい。

信仰生活への六つの勧告

ヘブル人への手紙一二章を概観すると、六つの勧めが見える。それを鍵語《キーワード》と共に示すと、次のとおりである。

①走りぬく（ヘブル一二1〜2）、
②訓練に与《あずか》る（同一二5〜6）、
③手と膝を真直ぐにする（同一二12）、
④清くなるように努める（同一二14）、
⑤気を付ける（同一二15）、
⑥仕えていく（同一二28）。

これらの意味しているところは、以下のとおりである。

(1)私たちの信仰生活は、オリンピックのマラソン走者に例えることができる。走者である彼らは、ゴール目指して、全力で走り続ける。脇目も振らず、流れ落ちる汗をも気にせず、最小限のものを身に着けて、乱されないように規則正しいペースを保ちつつ、最短路を大地を踏みしめながら、一心に走り続ける。「いっさいの重荷と

（身体に）からみつく（邪魔をする）罪（の性質）をかなぐり捨て、……耐え忍（びつつ）走りぬく」（同一二1）。私たちの信仰生活も、こうでなければならない。

ここで重要なことは、走る時には「イエスを仰ぎ見つつ」（同一二2）走ることである。その理由は、

①イエスは、「信仰の導き手であり」、

②「信仰の完成者であり」、

③「自分の前に置かれている喜び（を見詰めることによって）のゆえに、恥をもいとわないで」（同一二2）忍耐し、

④妨害や反抗という迫害があっても意気阻喪せずに、自分の十字架を負って、最後には栄冠としての「神の御座の右に座するに至った」（同一二2）、私たちの模範者だからである。

⑵天の父は、私たちを庶子《しょし》（正妻外の子）ではなく、ご自分の本当の子（嫡子《ちゃくし》）として育て上げるために、教育訓練される（同一二7参照）。訓練を受けることは誰にとっても辛く苦しいものである（同一二17参照）。それでも、この訓練を乗り越えて鍛え上げられなければ、聖なる神に相応しい人物にまでは熟成されない。だから、

「わたしの子よ、主の訓練を軽んじてはいけない」(同一二5)、「あなたがたは訓練として耐え忍びなさい」(同一二7)と勧告されている。

神の訓練を受ける目的は、私たちが神の聖に与《あずか》り、神のきよさを身に付けるようになるためである(同一二10参照)。そして、その結果として私たちは、「平安な義の実を結ぶ」(同一二11)ことができる者となる。

(3)どんなに辛い耐え難い試錬や訓練を受けても、自分がそれに押し潰され、立ち上がれなくなってしまったのでは、元も子もない。どんなに厳しい鍛練を受けたとしても、いつまでも堅く立ち続けていくための秘訣は、神の約束を強く握って離さない手と、信頼して真摯に従うために神の前に祈り続ける膝を保持することである。それゆえにヘブル人への手紙の著者は、「それだから、あなたがたのなえた手と、弱くなっているひざとを、まっすぐにしなさい」(同一二12)と勧める。

(4)罪ある汚れた者は、決して聖なる神を見ることができない(同一二14参照)。また、神が与えてくださる恵みの幸いにあずかることもできない。主イエスはこのことについて山上の垂訓の冒頭で、次のように言われた、「心の清い人たちは、さいわいである、彼らは神を見るであろう」(マタイ五8)と。

天の父は私たちに、次のように命じられている。「わたしは聖なる者であるから、あなたがたは聖なる者とならなければならない」（レビ一一45）。この神と深い関係を結び、神を見続ける人生を送っていくためには、「自らきよくなるように努める」（ヘブル一二14）ことは、私たちキリスト者にとっての責務である。

(5)信仰生活を続けていくために、私たちに「気をつけて」（同一二15）と勧められていることが三つある。

①一つは、「神の恵みからもれることがないように」（同一二15）することであり、

②二つ目は、「苦い根」（同一二15）すなわち罪の根元的な性質から、きよめられること、

③三つ目は、「エサウのように、不品行な俗悪な者にならないように」（同一二16）することである。エサウのように、霊的な事柄に対して全く関心を示さず、食欲・性欲といった肉欲に捕らわれている「俗悪な者」は、最後には神から捨てられてしまう者となる（同一二17参照）。

(6)私たちキリスト者は、日常生活の歩みの中で、日毎に「生ける神の都、天にあるエルサレム、無数の天使の祝会」（同一二22）に近づいている。だからこの恵みに感

謝しつつ、また神を畏れる敬虔さをもって、喜びのうちに神の前に仕えていく必要がある（同一二28参照）。

血を流すほどの戦い

「あなたがたは、罪と取り組んで戦う時、まだ血を流すほどの抵抗をしたことがない」(ヘブル一二4)。この御言葉を目にするたびに、反射的に思い出す事件が、私の中学生時代にあった。

父が事業に倒産して、家族を養っていかねばならないので、大きめのリヤカーで、木材を使って屋台を組み立て、露天おでん屋を始めた時のことである。江東区亀戸駅近くの路上に夜間だけ店を開いたのだが、近辺を縄張りとする暴力団A組が「ショバ代を払え」と迫ってきていた。正義感が強く曲がったことが嫌いな父は払わずにいた。すると、ある真夜中に組員が背後から父の頭頂を切りつけてきて、父の頭の皮は左右に分かれて裂けてしまい、多量の血を流して寝込んでしまった。父は罪と戦うために抵抗して、血を流したのであった。

しかし、冒頭の御言葉が言おうとしていることは、右記のようなことではない。信仰ゆえの殉教をも辞さないほどの堅い決意を持って前進すべきである、との勧めである。神の訓練を受けるためには(同一二5参照)、これくらいの忍耐と信念を持って信仰に取り組んでいく必要がある。

この御言葉が明示しているように、血を流すほどの信仰の戦いをしていく目的と対象は、「罪と取り組む」（同一二4）ことである。信仰生活を全うしていく上では、数々の罪との戦いがあり、自らが一つ一つのことと取り組んで勝利していかねばならない。

①まずは、外部から来る戦いがあり、為政者や権力者から、信仰を妨害し棄てるように、と迫ってくる迫害や強要がある。この迫害が残酷なほどに激しい場合には、自らの殉教をも覚悟せねばならない。

②同じ外部からであっても、日常生活に起こってくる信仰への妨害がある。また、信仰生活を乱させようと、いろいろな誘惑が押し寄せてくる。快楽や世的富裕を約束する偽善などもあって、真摯に前進しようとする信仰的意欲と姿勢を挫《くじ》こうと襲ってくる。

③外部からだけでなく、自分の心の内部における罪との戦いもある。その最大なものが、神を疑わせ神から離れさせようとする不信仰との戦いである。

私たちがこの世で信仰生活を続けていくためには、これらの罪に負けないようにするために、血がにじむほどの努力を続け、全身全霊をもってこれらの罪と戦っていかねばならない。このことのために、主イエス・キリストは私たちに生き方の模範を示されたし、記してそれらを聖書に残された。罪と戦って血を流し、贖いを完成されたし、日々の歩みの中で、罪とどのように戦っていったらよいのか、それを実行して見せられた。私たちも、主イエスに倣い、流血をも辞さないほどの堅い覚悟と忠実さをもって、信仰生活を全うしていきたい。

試錬の中で力を授けてくださる主

ヘブル人への手紙一二章には、あなたがたが試錬を受けた時、それは「訓練（である）として耐え忍びなさい」（ヘブル一二7）とある。

多くの人々は、自分に困苦や艱難が襲ってきた場合に、「この苦難を早く取り除けてください」と祈り願う。だが信仰の進んだキリスト者は、「私のこの試錬を取り除けてください」とは祈らない。「この試錬に耐えられる信仰と負いきる肩を与えてください」と祈る。なぜなら、試錬を取り除いてしまったら、その試錬が与える訓練を通して、神が与えようとされている義の実を結ぶ（同一二11参照）ことも、神のきよさに与《あずか》らせようとされている（同一二10）ことも、実現しなくなってしまうからである。与えられた試錬に耐える信仰と負い得る肩があるからこそ、その試錬に押し潰されることなく、神とのより強く結ばれた義と、神の聖に似たきよさに近づかせていただくことができる。

パウロが、三度も、目の病によるこの苦しみを取り除けてくださいと祈った時に、「それによって高慢を捨て、謙遜を学び取りなさい」、「わたしの恵みはあなたに対して十分である」（Ⅱコリント一二7〜9参照）と言われて、耐える力を与えられ、より強く神に依り頼む信仰を与えられたこと。そして、シャデラク、メシャク、アベデネゴの三青年がネブカデネザル王から火炎に燃え盛る炉に投げ入れられた時に、炉から救い出されるのではなく、四人目の神の子が共にいて、害が及ばないようにしてくださったこと（ダニエル三16～27参照）などは、試錬における神の助けと励ましが、どのような方法なのかを教えてくれる。

神は、その人を訓練するために、試錬を取り除くことはされない。しかし、共にいて、その試錬に耐えて乗りきっていけるだけの力と助けを授けてくださる。これを知って困難に勝利し、乗り越えていきたい。

俗悪な者にならない

ヘブル人への手紙一二章の16節には、俗悪な者とはどんな人か、同17節には、その俗悪な者はどんな結果を自分に招くかが書かれている。この16節と17節によって、「神からの祝福を誰もが求める。しかし俗悪に陥った者は、本心に立ち返って、神の許《もと》へ戻ってくることができなくなる」ということを明示している。

16節には、「一杯の食のために長子の権利を売ったエサウのように、不品行な俗悪な者にならないようにしなさい」（ヘブル一二16）と警告されている。この「俗悪な者」とは、この世のことには強い関心を示すが、霊的な事柄に対してはほとんど無関心な人のことである。

エサウの弟のヤコブは、祖父アブラハム、父イサクに与えられた神の約束を受け継ぐことに強い関心を持ち、長子の相続権を奪うほどにして、神の約束を強く求めた。その結果は、「アブラハムの神、イサクの神、ヤコブの神」（マタイ二二32、ルカ二〇37）と称されるほどになった。

これに対し、兄エサウは、一杯のあつものを食べたいために長子が持つ相続権を、ヤコブと交換してしまった。エサウは神の祝福の約束を軽視して、食欲を満たすことに精神を用いてしまった（創世二五29～34参照）。エサウは神の約束には関心がなく、全く無頓着で、腹を満たすことのためには長子の特権をさえ売り払い、神の祝福を一杯の赤いレンズ豆の煮物と引き換えてしまうほどに軽率であった。

世には、ヤコブのように、神の都を相続財産として待ち望み、これを得たいと渇望する信仰の人もいれば、エサウのように、地上的なものにのみ価値を見いだし、神の真実には全く関心のない、世俗的な人もいる。

ここで、話を前に進めるに当たり、後悔と悔い改めは、内容が異なる行為であることを確認しておきたい。後悔は、「あのことをしなければよかった」と、何かをしてしまった後に、そのことをしたことを悔いることである。これに対し、悔い改めは、後悔した後で、今まで歩んできた方向を一八〇度転換し、思考や生活の向きを従来から改め、神の方向へ歩み出す決意をすることである。

さてそれでは、俗悪な人の最後はどうなるだろうか。すべての人がエサウのようになるとは限らないであろうが、俗悪が招く悲惨な結果をもたらす可能性が残っていることは否めない。すなわち、俗悪というサタンのまやかしに長く捕らわれていた者は、人生の最後になって、神の約束を軽視したことを後悔して、神の約束をもう一度得たいと泣いて求めたとしても、それを得る機会を自分のものにすることができない。もっと言うならば、後悔して求めの向きを変えても、悔い改めとして変えた向きの方向に踏み出し歩み出すことができない。なぜなら、神に向かって歩み出そうとする精神があまりにも俗悪に毒されて死んでしまっており、踏み出す力がもうすでに残っていないからである。だから、エサウに関しては、「彼はその後、祝福を受け継ごうと願ったけれども、(神の審きに従って)捨てられて(俗悪の側に渡されて)しまい、(後悔して)涙を流してそれを求めたが、(向き変えて歩み出すだけの)悔改めの機会を得なかった」(ヘブル一二17)と書いてある。

天の父は私たちに、御子イエス・キリストを通して、神の霊的な祝福を示し、それを与えようと約束してくださっている。この約束をエサウのように軽視することがないようにし、弟ヤコブのように神の約束をしっかりと握って、確実に与えられるよう、信仰の姿勢を整えていきたい。

聖霊のバプテスマできよめられる

クリスチャンであるならば誰もが、主を直接目《ま》の当たりにして、親しい交わりを持てるようになりたいと思うものである。神や御子キリストを目の前に見て、主の唇からの言葉を直接聞き、主と親しく会話し、主の憐み、慈しみ、優しさを肌で感じるほどまでになりたいと、願うものである。

だがそのように願望したからといって、その願いがすぐに神に受け入れられ、叶えられるというものでもない。そのような親しい交わりができるようになるためには、ある条件が満たされなければならない。「それにはこうしなさい」との教示と勧告がヘブル人への手紙一二章には書かれている。その中心聖句が、「自らきよくなるように努めなさい。きよくなければ、だれも主を見ることはできない」（ヘブル一二14）である。自分がきよくならなければ、主は聖い方であるのでお会いすることはできないし、自分がきよくなることによって初めて、主と相《あい》まみえ、会話を交わし、教えを受け、恵みを受けることができる。

きよくなるためには、三段階の道を踏んで行くとよいと、教示されている。

(1)第一段目は、きよくなりたいとの強い願望を持ち、きよくなることを追い求めることである。「聖なる生活を追い求めなさい」（同一二14、協会共同訳）と勧告されている。

⑵第二段階目は、イエスの血が自分をきよめてくださるとの、純粋な信仰を持つことである。私たちは、「アベルの血よりも力強く語るそそがれた（キリストの）血」（同一二24）があり、これによって神に近づくよう勧められている（同一二22参照）。

⑶そして、きよくなるための第三段目は、不純物を吹き分け、汚れを焼きつくし、純金を取り出す、聖霊の火に自分を委ねることである。「わたしたちの神は、実に、焼きつくす火である」（同一二29）と教示されている。

これらの三段階のそれぞれにもう少し説明を加えると、次のようになる。

⑴主にお会いするようになるためには、まず私たち自身が、きよくなりたいとの熱く強い願望を持つことが先決である。神の最大にして最高の属性は聖であり、これ以上ない隔絶のきよさを備えておられる。（この聖から、次の属性である義と愛が出てくる。）この聖なる方にお会いし、聖なる方と親しい交流をするようになるためには、私たち自身が、聖なる方の前に出られるだけのきよさを備えていなければならず、汚れたままで神の前に立つことはできない。そうであるから、私たちが神を見

るようになるために、まず最初に私たちがしなければならないことは、きよくなりたいとの熱望を持ち、きよくなるように導いていただくことである。だから、「聖められることを追い求めなさい」（同一二14、新改訳第三版）と勧められている。

きよめられたいと熱望し、きよめをどこまでも追い求めるほどの「義に飢え渇いている者は幸いである。その人は満ち足りる（ようになる）」（マタイ五6参照）であろうし、「心のきよい者は幸いである。その人は神を見る（ようになる）」（同五8参照）こと間違いなしである。

(2)私たちの魂をきよめるのは、私たちの知識でも、私たちの努力でもない。私たちをきよめるために流してくださった主イエス・キリストの贖罪ときよめの血を信じる信仰である。この信仰なくしては、罪に染まりサタンに操られて汚れてしまっている私たちの霊魂をきよめるものは、外にない。キリストの「血を流すことなしには、罪のゆるしはあり得ない」（ヘブル九22）のであり、「わたしたちも（神の）光の中を歩く（ようにする）ならば、……御子イエスの血が、すべての罪から（原罪をも）わたしたちをきよめるのである」（Ⅰヨハネ一7）。

(3)私たちの心の奥底に巣食っている原罪は、水で洗う程度では洗い流し消し去ることはできない。聖霊による厳しい火をくぐり抜け、試錬でもって鍛え上げられ、不純物がすべて取り除かれて精錬する聖霊の火できよめられなければ、汚れのない純粋で清純な霊魂を取り戻すことはできない。このきよめは、天の父が送ってくださった御子キリストと聖霊が、私たちになしてくださる。

このことをバプテスマのヨハネは、次のように証詞している。「まむしの子らよ、迫ってきている神の怒りから、おまえたちはのがれられると、だれが教えたのか。だから、悔改めにふさわしい実を結べ」、「わたしは……水でおまえたちにバプテスマを授けている。しかし、わたしのあとから来る人（イエス・キリスト）はわたしよりも力あるかたで、……このかたは、聖霊と火とによっておまえたちに（聖霊の）バプテスマをお授けになる」（マタイ三7〜8、11）と。

聖霊のバプテスマによる火の中を通り抜けて、全くきよめられることによって、神に相まみえることが可能な者になっていきたい。

正義のために祈る

今、私がこの文を書いている時期に、香港では、自由と人権を尊重する社会が欲しいと世に訴える民主活動家の周庭（アグネス・チョー）さんや、リンゴ日報オーナーの黎智英（ジミー・ライ）氏は、投獄されている。また、ミャンマーにあっては、クーデターによって政権を奪った国軍に対し、自由で民主的な政府に戻してほしいと活動する人々は発砲されて、八百数十名の人々が射殺されている。初代教会時代のペテロ、ヤコブ、ヨハネやパウロなど、使徒と言われる聖徒たちは、福音を宣教したという廉《かど》で投獄され、苦難を味わわされた。かつての日本においても、昭和のキリスト教弾圧時には、ホーリネス系の牧師の何人かは、厳しい拷問を受けて、獄死に追いやられた。

ヘブル書では、こういう人々に意識して目を向け、「獄につながれている人たちを、自分も一緒につながれている心持で思いやりなさい」（ヘブル一三3）と、私たちに教示している。私たちクリスチャンは、正義のために勇敢に戦っている人々に対し、冷《さ》めた目で第三者的に傍観するのではなく、同じ仲間となって、私たちのできることをしなさいと戒められている。せめても、彼らのために祈ることはできる。「主に守られながら、勇気をもって貫徹していくことができますように」、「彼らに主からの力が与えられ、神の御旨が実現されますように」と祈ることはできる。

私たちは正しいことを実現するために戦っている人々と共に、「みこころが天に行われるとおり、地にも行われますように。……わたしたちを試みに会わせないで、悪しき者からお救いください」（マタイ六10、13、主の祈り）と、賢明と自制をもって、祈っていきたい。

金銭を追い求めない

「金銭を愛する生活をしてはいけません。いま持っているもので満足しなさい」（ヘブル一三5、新改訳第三版）と書かれている。

なぜ金銭を愛し求める生活をしてはいけないのだろうか。金銭は本当の幸せを私たちに与えてくれないからである。金銭が約束し満たしてくれるものは、この世のものであり、この世の富であり、この世の物財であって、霊的なものは与えてくれない。物質的なものであれ精神的なものであれ、金銭が与えてくれるものはこの地上的なものであって、陳腐化していって長続きせず、ましてや聖なる神に関わることは与えてくれない。

私が老年になるまで生きて体験し、確実に言えることは、「私たちを真に満たしてくれるものは、物財ではなく精神的で霊的なものである」、ということである。私たちの心に真の平安と豊かさを与えてくれるのは、神が常に共にいてくださる神の愛であって、食欲や物欲を満たすものではない。

所有している物財や金銭に自分の心が捕らわれておらず、神と共にあることに喜びを見いだしている者は、この世の物や金を絶対的に欲しいとは思わない。今、自分が持っているもので十分に満足しており、むしろ、神の聖・義・愛に近いことを希求する。だから、主ご自身が「わたしは決してあなたを離れず、また、あなたを捨てない」(同一三5、同)と言われることを喜び、安心し、心を満たされて生きる。

世の中で展開される悪事の根本には、たいてい金銭があり、お金への執着が悪行への誘因となっている。聖書には、「金銭を愛することは、すべての悪の根である」(Iテモテ六10)と書かれている。残念ながら、この言葉は、金銭への愛が人の諸悪の根源となっており、人間の悪に傾く真の姿を言い当てている。

私たちを最も貧しくするのは、いろいろな欲から出る貪りであり、この世のものへの執着である。この貪りと執着が私たちを神から離れさせ、罪に陥らせる。

出エジプトしたイスラエルの民がカナンの地を攻略している時機に、アイを攻めて勝ち取った戦利品を、かすめ捕って自分のものにして隠したアカンは、一族郎党全員が裁きにあって、滅ぼされてしまった(ヨシュア七13〜26参照)。主イエスの十二弟子の一人でありながら、一行の会計係をしていたイスカリオテのユダは、金袋から盗みとって使っていた(マタイ二七5参照)。この金銭欲によっても、ユダは自らの命を絶つ結果を招いてしまった(ヨハネ一二6参照)。

アカンもユダも、彼らを黄泉《よみ》に送り込んだ原因は、彼らが神を畏れず、神に従うことを忘れ、神から離れて貪りの欲に身を任せることをしたためであった。彼らのように、金銭を愛する生活をしたら、自分に不幸を招くだけである。「ある人々のように、欲張って金銭を求めるなら、信仰から迷い出て、多くの苦痛をもって自分自身を刺しとおす」（Ⅰテモテ六10参照）ことになる。

自分の心を常に神に向け、いま持っているもので満足し、物に捕らわれないようにする、そのような生活をしていくことを大切にしたい。

金銭欲が招く害悪

「金に執着しない生活をし……なさい」（ヘブル一三5）と戒告されている御言葉について、もう少し時間を割いてみたい。

金を愛することには、基本的には次の三つの悪があり、金銭欲が私たちを害するようになる。

(1)金銭欲による害悪の第一は、私たちが金を愛することに捕らわれて、それから離れられなくなり、逃れようにも金銭の奴隷となってしまい、人間の尊厳を保証する真の自由を失ってしまうことである。

主イエスは言われた、「あなたの宝のある所に、心もあるからである」（マタイ六21）と。宝のあるところに私たちの意識は集中し、何かと関心を持ち、その宝を自分のものにしたいと努力する。そして得られれば、それを離さないようにしようと、いろいろな策を練り、手を尽くす。その宝がカミ（神）であるならば、神の聖と神の自由を保障されるのであるから、それは良いのだが、一字違いのカネ（金）であるならば、人の心はそのカネに捕らわれて俗に染まり、離れられなくなって、になる。

カネの奴隷になり下がる。カネが彼の神となり、偶像となり、跪《ひざまず》いて伏し拝むよう

人の心は一つのものにしか仕えることができない。人が金に仕えるようになれば、神を疎《おろそ》かにし、やがて神を放棄することになる。だから主イエスは、次のように言われた。「だれも、ふたりの主人に兼ね仕えることはできない。一方を憎んで他方を愛し、あるいは、一方に親しんで他方をうとんじるからである。あなたがたは、神と富とに兼ね仕えることはできない」(同六24)。

金に捕らえられて、神に仕える機会を失った者は、その金を自分で自由に使えるように得たとしても、その代償として自分を人間として高貴にする機会を失うことになる。また、恵みによって人を真に豊かにするという神との交わりをも、失うことになる。この神を仰ぎ見て礼拝するという心が、偶像に奪われてしまうからである。

(2)金銭欲による第二の害悪は、二次的価値しかないものに最高の価値の位置を与えて、真に最高の価値であるものを得そこなうことになることである。

人間にとって最高に価値あるものとは、人間を人間として立たせ、その人間に最

高の幸せである平安と、最高の価値である命を、確実に保証してくれるものである。この最高の価値あるものを授与してくださるのが神であって、金は授与も保障もしてくれない。人は、金が最高に価値あるものを与えてくれると錯覚する。しかし、残念ながら、金は空虚で二次的な価値のものは与えてくれるが、最高の価値の平安や命は与えてくれない。金を所有したことのある者は、このことに納得して「そのとおり」と頷《うなず》く。ましてや金は、人間を人間としての尊厳を持った、本来の人間の姿にまで育ててくれるということは、絶対にない。

金はあくまでも、この世を生きていくための手段であり道具であって、人生の目的となるようなものではない。生きる上での人の目的とすべきものは他にある。その目的の究極的なものは、神である。そのことを確実に悟覚するのは、長い人生を生きて最後に死を迎えるときである。金は永遠の命を与えてはくれないし、この世で金で得たものは何一つ、死後に持って行くこともできない。せいぜい継承権利を受け継いだ他の関係者が、それを喜んで使うだけである。

一時的なもの、過ぎ去って行くものに執着して、それに命を懸けるようなことをしてはならない。そうした結果は、後になって必ず裏切られたと知り、人々の物笑いの種になるのが落ちである。人が生涯を通して自分の命を懸け、自分の全存在を委ね、どこまでも追い求めていくべきものは、永続永遠的なものであって、最高の価値を有した永久不変のものでなければならない（ヘブル一三8参照）。その目標とすべきものは、金ではなく、神である。

(3)金銭欲に捕らわれることの第三の害悪は、真の満足を得ることができなくなることである。偽善的で仮の満足で満たされることに妥協せざるを得ないことである。

金は、この世の満足を与えると約束する。しかし、それはある程度までのことであって、平安に満たされた、心の充実といった真の満足は与えてくれない。金が与えてくれるのは、満足よりもむしろ渇きであり、追われているような強迫観念に取り付かれることである。

金を愛する者は、多くの金財を得たとしても、もっと欲しいと渇望し、満足を得られない。また金銭に執着している者は、もっと多く金を獲得するために、あれをしなければ、これもしなければと、金儲けのために心身を擦り減らし、休まる暇がない。それだけならばまだよいのだが、この金銭が、何かが起きて無くなるのではないか、誰かに狙われて強奪されるのではないか、などと常に心配し、強迫観念に追われることになる。

真の満足はどこにあるかというと、自分が神に所有されているとの確信の中にある。天の父が自分を愛して、守り導いてくださっている、との人生への信頼のうちにある。自分が神に愛されていることを知っている者は、空の鳥が倉を造らなくとも養われていることを知っており（マタイ六20参照）、荒野に咲く一輪の花も、ソロモンの栄華よりも美しく飾られて守られていることを知っている（同六28～29参照）。そして、御子さえ惜しまずに与えてくださった神が、万物をも自分に与えてくれないことがあろうか（ローマ八32参照）との心の豊かさに満たされている。そればかりでなく、万軍の主が自分の味方であるならば、誰が、あるいは何が私の敵となり得ようか（同八31参照）との力と生命力に満ち溢れている。ここにこそ、真の満足も喜びも、そして平安も充実もある。

第二章　ヤコブの手紙から教えられること

「信仰も、それと同様に、行いを伴わなければ、それだけでは死んだものである。しかし、『ある人には信仰があり、またほかの人には行いがある』と言う者があろう。それなら、行いのないあなたの信仰なるものを見せてほしい。そうしたら、わたしの行いによって信仰を見せてあげよう。」（ヤコブ二17〜18）

聖霊による「イエスは主」

「聖霊によらなければ、だれも『イエスは主である』と言うことができない」（Ⅰコリント一二3）とある。頭脳の働きである理性や世の常識によっては、決して「イエスはすべてのものの主であり、私自身の主である」と言うことはできない。心の底からイエスを神の子として受け入れ、世界のキリスト（救世主）であると確信し、自分の全生涯の主であり、自分の全生命を懸けて従っていく主であると告白することは、聖霊によらなければできない。

その具体的例証として、自分自身がどのようにしてイエスを主であると受け入れるようになったかを顧みれば、よく分かる。聖書にもそのような人物がいて、彼の信心の変遷が鮮明に書かれている。それが『ヤコブの手紙』の著者であり、イエスの実の弟ヤコブである（ガラテヤ一9参照）。

ヤコブは、ナザレの村で父大工ヨセフの子として、イエスを長男とする兄弟姉妹の中で（マルコ六3参照）、身近に寝起き食事を共にし、両親の手伝いをするなどして、一緒に生活をした。しかし、どうしても兄イエスを救い主キリストであるとは感取できなかったし、信じられなかった（ヨハネ七5参照）。ある時には、イエスが気でも狂ったかとさえ思い、集会しているイエスを、家族と共に取り押さえにやって来たこともある（マルコ三21参照）。十二弟子の中にヤコブの名はないし、七十二人（ルカ一〇1、17参照）以上いる多くの弟子たちの中にも、一度も名は挙がっていない。また、イエスの十字架の下に母マリヤはいても、兄弟ヤコブはいなかった。

しかし、ヤコブは、イスカリオテのユダを除く十一弟子や苦楽と生活を共にした婦人たちから、イエス復活の証言を聞いたり、弟子たちの心の状態が激変し、一所に集って熱心に祈る姿を見て、少しずつ変わっていったのかもしれない。ヤコブが、イエスはキリストなのかも、と真剣に見直すようになったきっかけは、復活のイエスに出会った（Ⅰコリント一五7参照）ことによるとも考えられる。ペンテコステの聖霊が下る前に、「彼らはみな、婦人たち、特にイエスの母マリヤ、およびイエスの兄弟たちと共に、心を合わせて、ひたすら祈をしていた」（使徒一14）と書かれているところを見ると、この祈りの集団の中にヤコブも加わっていたと考えることに間違いはなかろう。

五旬節の日が来て、聖霊が皆の者に激しく下った（同二1～4参照）ペンテコステの後においては、ヤコブは完全に変わっていた。彼はキリストを主として受け入れるようになり、最初のキリスト教公同会議であるエルサレム会議においては、その中の中心人物の一人となって、「兄弟たちよ、わたしの意見を聞いていただきたい」(同一五13)と、喧々《けんけん》囂々《ごうごう》・議論百出している意見を取りまとめ、文書で公認指示を与えるようになっている(同一五14〜21、28〜29参照)。

その後、ヤコブは初代教会の三本柱にまでなり(ガラテヤ二9参照)、聖典として残るヤコブの手紙を書き残す人物までにもなった。そのヤコブの手紙の冒頭で、ヤコブは自分のことを、主の僕として次のように紹介している、「神と主イエス・キリストとの僕ヤコブから、離散している十二部族の人々へ、あいさつをおくる」(ヤコブ一1)と。

このように、「聖霊によらなければ、だれも『イエスは主である』と言うことができない」(Ⅰコリント一二3)ということは、誠に真実である。私たちも聖霊に導かれて、イエス・キリストを主であると信じ、告白しつつ、信仰生活を進めていきたい。

公同書簡とヤコブ書

新約聖書二十七巻のうちの一かたまりの分類で「公同書簡」と呼ばれる手紙群がある。そこに含まれるものが、ヤコブの手紙、ペテロの手紙第一、第二、ヨハネの手紙第一、第二、第三、ユダの手紙の七書である。これらの書簡の著者はそれぞれの書名にあるとおり、ヤコブ、ペテロ、ヨハネ、ユダである。それぞれの書は長短あって、宛先も記述目的もおのおの違っている。

ヨハネの手紙第二と第三は、個人宛で短文であるが、他の書は、広範な地域に散在する教会に加わる、特定されていない多くの信徒に向けて書かれたので、「公同書簡」と総称されている。パウロの特定教会あるいは特定者宛の書簡とは、対照的である。

公同書簡中の最初の書であるヤコブの手紙がどんな特徴を持ったものであるか、その概要を見てみる。ヤコブの手紙は

(a)正しい生活をすることがいかに大切なことであるか、

(b)キリストを信じると言いながら、そこに行いが伴わなければ、どれほど無意味なことであるか、

が具体的に書かれている。

この書簡の著者は、異邦人キリスト者に救いのためには律法遵守や割礼が必要かなどを討議した初回エルサレム会議で演説し、最後にまとめ上げ（使徒一五1～2、6、13～20参照）、エルサレム教会の重要な指導者になっていた（ガラテヤ二9参照）、イエス・キリストの兄弟ヤコブ（ガラテヤ一19参照）である。

ヤコブの手紙が書かれた主な目的は四つある。それは次のとおりである。

①ステパノ殉教後の迫害によって国外に散らされて行ったユダヤ人キリスト者（使徒一一19、ヤコブ一1参照）が、その地で試錬に会っていたが、これを励ますため。

②信仰があれば行いはなくてもよいと考える信者があったが、この誤りを正すため。

③舌を制することなしに、節度なく多く語ることは適切でないということを、指摘するため。

④欲望に捕らわれて世俗的な生活に溺れている者があるが、これを矯正するため。

信仰生活での行いを重要視するヤコブの手紙は、信仰義認を強調するパウロ書簡とよく対比して、信仰的に互いに相反するのではないかと、議論されることがある。しかし、その論議の必要は全くなく、そのように理解して捉えるのは間違いである。両者は、信仰経過の別時点の別の成熟面を言っているのであり、両者合わせて信仰が完成する。

パウロは、信仰のスタート時点の、信仰が拠って立つ根本的な面のことを言っており、ヤコブは、その信仰の結果から出てこなければならない面である行いについて述べている。すなわち、パウロは、救いは律法を行うことによって生じ認められるのではなく、キリストの贖罪ときよめを信じることによって、神から義と認められるのであると説き、ヤコブは、信仰義認されて成長した真の信仰は、その信仰によって生じてきた行いというものが伴わなければならない、ということを説いている。

パウロも行いについては重視しており、信仰は御霊の導きによって、行いとしての良い実を結ぶべきである（ガラテヤ五22〜23参照）と強調しているし、ヤコブも信仰については、実を結ばないような信仰は、本物の信仰ではない（ヤコブ一22、二17参照）と言っている。

導きによって試練に勝つ

人を失敗に陥れ、強く生きていこうとする前進を阻《はば》むものが、二つある。自分の内と外に一つずつある。外から妨害するものが、苦悩、困難といった試みである。内から意気を挫《くじ》こうと働きかけるものが誘惑である。この試みと誘惑を私たちにとっての試練として、以下に見てみよう。

試みにも誘惑にも、それに勝つ方法は三つある。そのことがやってきた時に

①喜ぶこと（ヤコブ一2参照）、

②忍ぶこと（同一3）、

③耐えて解決するための知恵を求めること（同一5）

である。

試みであれ誘惑であれ、その試練を乗り越えて勝利していく時に、人は人間的な成長があり、品格が高められていく。このことはパウロも言っている、「患難は忍耐を生み出し、忍耐は錬達を生み出し、錬達は（神に近づく）希望を生み出す」（ローマ五3～4）と。だからパウロは、「（試練という）患難をも喜んでいる」（同五3）と言う。

試錬がなければ、人は心身共に鍛え上げられることはないし、試錬があるからこそ、そのための知恵も忍耐力も身に付いてくる。そして、より困難な問題にも立ち向かい、切り開いていくことができるようになる。試錬を積み重ねるからこそ、陶冶された人格を備えた人物に成長していくことができる。そうだからこそヤコブは、次のように言う、「わたしの兄弟たちよ。あなたがたが、いろいろな試錬に会った場合、それをむしろ非常に喜ばしいことと思いなさい」（ヤコブ一2）と。試錬によって品性的に神により近づく人材になるからである。

困難・苦難といった試錬が自分に来た時には、「その原因は何か」と探し求めてはならない。それが来た目的を神に問い求めて、その目的を知らされねばならない。「なぜこの試錬が、今のこの時に、私に来たのか。その目的は何なのか」と探求し、神から答えを得ることが重要である。世間的な問題であるならまだしも、自分への試錬であるならば、その原因を調べて知っても、何の解決にも進歩にもならない。しかし、「これは何のため」とその試錬の自分への目的を知るようになると、「そうか、それならそれに合格しよう」となって、希望も忍耐力も湧いてくる。

その後に、その試錬を乗り越え、解決する方法はどのようなものか、と神に問うならば、その問題を最善に解決する知恵を、神は惜しげもなく与えてくださる。その絶妙な知恵は、人の思いもつかないほどの人知を超えた神の知恵である。「あなたがたのうち、知恵に不足している者があれば、その人は、とがめもせずに惜しみなくすべての人に与える神に、願い求めるがよい。そうすれば、与えられる」（同一5）とある。

私たち一人ひとりの人生途上にある、いろいろな試錬を乗り越え、耐え忍ぶことによって、人物として鍛えられる。その試錬を通過し勝ち抜くことによって、その人の品性は高められ、その結果、神を愛する者たちに約束されている、いのちの冠を神から授与されることになる（同一12参照）。

完全な人へと導く忍耐

「私は多くの事で鍛えられたので、忍耐力についてだけは、人後に落ちないだけのものを持っている」という人もいれば、「私はどうも耐え忍ぶのが苦手で、それが唯一の私の弱点だ」という人もあろう。あなたは忍耐力について、この間のどの位置を占めるであろうか。

忍耐あるいは忍耐力という言葉が、ヤコブの手紙一章の最初に出てくる（ヤコブ一3、4参照）。この耐え忍ぶ忍耐といっても、字は同じにして、その意味する内容が異なる二種類の忍耐がある。禁欲的忍耐と信仰的忍耐である。

禁欲的忍耐は、自分に迫ってくる困難や患難に対して、じっと我慢することによって、その苦難に動じないようになるように、自分の意識と感覚を変えていく忍耐である。これに対し、信仰的忍耐は、やってくる苦難を、できたら逃れたい厄介な問題として捉えるのではなく、むしろその困難を、自分を鍛えるために神が与えてくださった私への課題であると受け取って、その苦難に正面から取り組み、喜びのうちに、神と共にあって乗り越えて行き、品性が整えられていく忍耐である。

困難や苦悩といった試練に会った場合に、それを信仰的忍耐によって克服していくときに、自分の忍耐力は培《つちか》われ、自分の信仰がますます強固にかつ純粋なものへと成長していく。なぜ成長するかというと、その試練は私を神の本当の子として育成するために、神によって与えられ、導かれ、神から力を賦与されて勝利し、無事に通過できたということを体験するようになるからである。その体験によって得た確信は、その人の神への信頼をますます強固なものとし、敬虔なものとする。

だからヤコブは、次のように言う、「わたしの兄弟たちよ。あなたがたが、いろいろな試練に会った場合、それをむしろ非常に喜ばしいことと思いなさい。（そのようにして）……信仰がためされることによって、忍耐が生み出されるからである」（同一2〜3）と。その忍耐力は、その人をなんら欠点のない、キリスト者としての品性と、信仰生活における御言葉の実践において完全な、でき上った人にまで育成することになる（同一4参照）。

神に知恵を求める

人生を貧しく生きるよりも豊かに生きるほうがよほど良いのに決まっている。その豊かに生きることを保障する知識が知恵である。そのためにヤコブは、次のように勧めている、「知恵を与えて下さるように願い求めなさい」（ヤコブ一5参照）。ヤコブが勧告するこの知恵は、世の中をうまく切り抜けて、無難に世間を渡っていくための、金言名句的な知恵のことではない。将来に起こってくる事態を透き通った目で洞察し、今自分に発生している問題を最善に解決していくための、神が与えてくださる英明な知恵のことである。

このような実践的で霊妙な知恵は、真実を求める者に神が与えてくださる。全知にして、充ち溢れる知恵をお持ちの神が、神の僕に光を打ちひらくようにして啓示してくださる。

人には、自らの経験と思考によって獲得し、蓄積してきた多くの知識がある。この知識の組み合わせから出てきた知恵には、量的にも奥深さにおいても、理性と感性によって得たという、人間的な限界がある。しかし、天地を創造し、人間を創造し、人と宇宙の歴史を導き、今も御手によって万物を治めておられる全能の神に、知恵の限度はない。この神に信頼して、主の知恵を願い求める者には、主は私たちに惜しげもなく、神の霊に満ちた知恵を授けてくださる。

「とがめもせずに……与える」（同一5）とあるが、神は、神にどんなに多く長く、執拗に求めてきても、願い求める者を叱責されるようなことはなさらない（ルカ一八7参照）。人間の場合には、あまりにもしばしば願って求めてくれば、もう辟易《へきえき》して、「いいかげんにしろ」と怒りをあらわにするかもしれない。しかし神は、信じて求めてくる者に、その願いが多く長いことを咎めることなどせずに、むしろ寄せるその信頼を喜ばれて、神の知恵を教示してくださる。逆に、神に求めず、人知に求めるという不信仰のほうを叱責される。

だからヤコブは言う、「あなたがたのうち、知恵に不足している者があれば、その人は、とがめもせずに惜しみなくすべての人に与える神に、願い求めるがよい。そうすれば、与えられるであろう。ただ、疑わないで、信仰をもって願い求めなさい」（ヤコブ一5～6）と。

天の父に主の知恵を求めて、信頼して御心に聞き従うことが、人生を勝利のうちに進んでいく道を開く神の知恵である。神の知恵こそ、私たちに、人生で起きてくるあらゆる出来事や問題を、正しく理解し洞察して、解決していく力である。このような知恵を、是非求めていきたい。

二心から離れる

私が教会学校の成人科クラスのメッセージでご奉仕していた時のことである。私としては話の流れの中で軽く触れた御言葉であったが、聴いていた一人の婦人Y姉が強く心を刺され、後になって告白の証詞をされていたことがある。それが「二心《ふたごころ》の者」（ヤコブ一8）であり、「二心の者どもよ、心を清くせよ」（同四8）である。

「二心」とは、神にも信頼し、世にも信頼する、二股かけた心であり、神にも世にも両方に足を置いて生活する心である。「冷たくもなく、熱くもない」（黙示三15）秘かに隠れて弟子となっていたニコデモやアリマタヤのヨセフなども、二心の者であったと言ってよいであろう（ヨハネ一二42〜42、一九38〜42参照）。

二心の者は、神に信頼し忠誠を尽くすと言っていながら、その思いが心の全体を占めているわけではなく、世にも心が惹かれ、世的な力にも頼り、世にも魅力を感じる思いが心の一部を占めている。二心の者は、神に信頼しきれず、どこかに不信と不安があって、その不信と不安を世の力に埋めてもらおうと、世的なものに頼っている。そうであるから神への信頼と忠誠が徹底されず、神へ真実が尽くされていない。

このような二心の者は、神へも世へもどっちつかずで、常にふらふらしており、海の波上に浮かぶ木の葉のように揺れ動いて、心にも生活にも落ち着きがない。また「すべての行動に(自信がなく)安定(したもの)がない」(ヤコブ一8)。このような人に対して、ヤコブは次のように言う、「(神を信じきれずに)疑う人は、風の吹くままに揺れ動く海の波に似ている」(同一6)と。

私たちに絶対的に信頼することを求める神は、このような二心の者に、神の豊かで溢れるほどの恵みの全部を与えてくださることはない。神は必ず与えてくださると、当人が信じていないのだから、その二心に相応しいだけの富裕しか与えてくださらない。「そういう人は、主から何かをいただけるもののように思う(期待する)べきではない」(同一7)のである。

二心から離れ、神に全面的に信頼して、神に願い求めるならば、天の父は私たちに惜しみなくすべてを与えてくださる(同一5)と言っておられる。私たちは、「ただ、疑わないで、信仰をもって(神に)願い求め」(同一6)るようにしていきたい。

低くされたことを喜ぶ富者

「低い身分の兄弟は、自分が高くされたことを喜びなさい」（ヤコブ一9）と勧められている。このヤコブの勧告は、首をかしげることなく、難なく理解できる。たとえ貧しく身分が低くても、神の前にあっては、皆が兄弟姉妹とされ、神の一つの家族とされて、上下の差別なく誰もが同じ一つとなっているからである。経済的に、あるいは位階や地位が低くても、神の前にあっては、同等に神の恵みが与えられ、希望が永遠に保障されていて、万物を賜るほどに豊かにされているからである。私たち自身が貧しい者であることを自覚しているから、他に頼むことをせず、神に依り頼み、神を追い求める。だから神はその信頼に応《こた》えて、天国を約束し、この地上でさえそれを与えてくださる（マタイ五3参照）。

ところがヤコブの手紙には、「また、富んでいる者は、自分が低くされたことを喜ぶがよい」（ヤコブ一10）と教示されている。富裕財産を得て豊かになっている者は、自分が低くされたということに感謝し、低くされたことを喜んで生きなさい、と勧められているわけである。どうしてであろうか。これは何を言おうとしているのであろうか。

低くされたとは、謙遜にさせられたということである。謙遜な品性を保持できる者に導かれたということである。人は、金銭的にあるいは処遇的に富むようになると、「これは自分の働きと実力によって得たものだ」と自惚《うぬぼ》れて誇るようになり、そこまでに達していない人々を「努力や工夫が足りないからだ」とか、「運から見放された人だ」と評価して、人を見下すようになる。このような高ぶりは人として正常ではない。人間としてあるべき態度ではない。

このような高ぶりのある人は、現在富ませていただいているのは、神のあわれみによるものである、ということを知っていない。このような人は、現在保有している富財を、いつ何時どのような方法で再び取り上げられて貧しくされてしまうかを自覚していない（ルカ一二20〜21参照）。富を自分で得たものだとか、自分で稼ぎ出したものだと自認して誇っている者は、「そうではないよ。私がおまえに預けたものだよ」といって、神から取り上げられてしまう。

人は富むようになると、高ぶって自信過剰になりやすい。しかし、その富が神から賦与されているものであることを知ると、神の前に謙虚になり謙遜になる。現在の自分の富裕は、自分の力とは何の関係もない、ただ神の憐《あわ》れみと恵みによるものだ、と知るようになるからである。

自分の富が神によって分け与えられ、その用途の管理を任せられている、ということを十分に自覚している者は、誇ることが恥ずかしくなり、誇れば取り上げられてしまうことを心に深く刻み、謙遜になって感謝するようになる。そして、「分け与えられているこの富を、できることなら生涯にわたって取り上げられませんように」と主に祈って、神の憐れみが続きますように請い願う者になる。

富んでいる者は、自分が謙遜へと導かれ、心を低くされていることを喜んで、感謝のうちに歩んでいきたい。

試錬と誘惑との違い

試錬と誘惑は全く異なるが共通点もある。試錬は、その人の神への忠誠を試すためのテストであるが、誘惑は、サタンからの悪を為すようにとの誘い込みである。試錬はその人を訓練するために、神が与えるものであるが、誘惑は、その人を罪悪に陥れようと、サタンがその人に忍び寄るものである。

試錬は、苦痛や患難があって、耐え忍ばなければならないという経過があり、その試錬に合格した者には、聖にさらに近づくという霊的成長が与えられる（ヘブル一二10参照）。これに対し、誘惑には、欲への刺激による悪への誘い込みがあり、争《あらが》い難い経過を通され、それに妥協すれば快楽や愉悦といった結果が約束されている。

神は、私たちを誘惑しようとするようなことは、決してなさらない。誘惑は常にサタンから来る。「だれでも誘惑に会う場合、『この誘惑は、神からきたものだ』と言ってはならない。神は……自ら進んで人を誘惑することもなさらない」（ヤコブ一13）とあるとおりである。

さてそれでは、試錬と誘惑には、どんな共通点があるのだろうか。それは、試錬にも誘惑にもサタンが働く部分があり、「サタンが唆《そそのか》す」という共通点がある。

誘惑にサタンの唆しがあることは、容易に理解できる。それでは試錬にあるサタンの唆しとは、どんなものであろうか。それは、「神から離れたほうがいいよ」との不信への誘いであり、唆しである。「神がこんなにも苦しいめに遭わせるのは、神はもうあなたを見限ったからだよ」、「あなたに祝福を与え、喜びが待っているとの約束なんて、あれは嘘なんだよ」、「あなたには、この患難に耐えられる忍耐力なんか、初めからないのだよ」、「信仰が与える希望なんて幻想なのであって、先行きには空虚で何もないのだよ」、「神から離れ、信仰を捨て、わたしの手下になるほうが身のためだし、楽になるよ」……。このように、「(本人に) 自制力がないのに乗じて、サタンがあなたがたを誘惑する」(Ⅰコリント七5) ものである。

この唆しに乗ったら最後、待っているのは悪や死への転落しかない。「人が誘惑に陥るのは、それぞれ、欲に引かれ、さそわれるからである。欲がはらんで罪を生み、罪が熟して死を生み出す」(ヤコブ一14～15) とある。

試錬と誘惑には、似たところがあるが、出所《でどころ》も目的も全く異なるので、よく見極めるようにして、試錬は喜んで受け、誘惑には絶対に乗らないようにしなければならない。

誘惑による死か、いのちの冠の授与か

聖書には誘惑を題材とした話が結構多く取り上げられている。信仰上の高次元の誘惑の話には、旧約ではアダムとエバが誘惑によって罪に陥った記事が、創世記の初めのほうの三章に出てくる（創世三1～7参照）。新約聖書でも最初のほうに、主イエスの公生涯が始まる直前に、イエスが試誘に遭われたことが、マタイによる福音書四章に出てくる（マタイ四1～11参照）。それだけ誘惑は、聖なる神や私たちの真摯な信仰とは対極にあり、人間の悪に関わることと関係が深く、最初に警告を含めて語っておくべき事柄だからなのであろう。

高次元と言わないまでも、私たちの日常の生活に直接関係しているような話も、聖書にはある。初代教会時代のアナニヤとサッピラ夫婦が金銭欲と名誉欲に駆られて、使徒たちを騙したことが書かれており（使徒五1～11参照）、ヤコブの手紙にも殊更に取り上げて、誘惑に陥らないようにと警告している（ヤコブ一13～15参照）。

日常的に私たちの生活で起こってくる誘惑には、どんなものがあるのだろうか。誘惑とは、それが実質的に約束するものが何であれ、「こちらのほうがいいよ」と言って人を惑

わせ、誘い込み、結果的に悪へと引きずり込む提示である。誘惑が内包している目的は、人を聖なる神から引き離し、堕落させ、悪の王であるサタンの手下や奴隷にすることである。人はこのことに盲目にされるので、ついついこの惑わしに乗ってしまい誘い込まれ、最終的に自分を不幸な境遇に追い込んでしまう。誘惑が「甘い罠」と言われるのはこのためである。

人がともすると誘惑に誘い込まれてしまうのは、なぜであろうか。それは誘惑というサタンの手法が、その人の最も弱い欲の部分を刺激して、「これをすれば、快楽や幸せになれるよ」と騙すからである。「人が誘惑に陥るのは、それぞれ、欲に引かれ、さそわれるからである」（同一14）とあるとおりである。

欲には、悪でも罪でもない欲があり、また、悪徳に誘い込み、人を不幸に陥れる欲もある。食欲、性欲、睡眠欲の三欲は、神が人に、生存に必要な渇きとして本能的に働かせるようにと備えられた欲であって、これらは適切に使えば正常な生活ができる。しかし、この本能的三欲も、節度を超えて使用すると、罪にはまりこむことになる。

悪徳に誘い込み、人を不幸へと引き込む欲も、人の内にはあって所持している。それがヨハネ第一の手紙に明示されている。「肉の欲、目の欲、持ち物の誇」（Ⅰヨハネ二16）という三欲である。

この「肉の欲」とは性欲から出てくるもので、性に関し限度を越えて不節制に働かせる欲である。また、「目の欲」とは、「それを見たい、読みたい、鑑賞したい」、「それが目に入ると魅力を感じるので、それを自分のものにしたい」という欲である。さらに、「持ち物の誇」という欲は、別訳で「暮らし向きの自慢」（同二16、新改訳2017）とあるように、自分が物財に豊かになっていることを、人に見せびらかし、吹聴し、あるいは「自分には他の人にない才能や知識を持っている」と、人前に誇ることである。

このような好ましくない三欲は、「欲がはらんで罪を生み、罪が熟して死を生み出す」（ヤコブ一15）ことになる。すなわち、このような欲を抑制することなしに、欲が働き出すことを放置して、自分の意志で自覚的に制御しなければ、その結果は、してはならないことをしたり、隣人を傷付け迷惑をかける罪を犯すことになる。その罪が続けられ積み重なって、自分に死を招くことになる。この死は、法律を犯したり、自分の健康障害による肉体的生物的死だけのことではない。正しいことに気が向くことに麻痺して正常なことができなくなり、精神が死んだ状態になることも含まれる。また家庭崩壊や生活破壊を招き、生きる精気を全く奪われてしまうことをも意味する。生きながらにして死んだ状態になるわけである。

同じヤコブの手紙一章には、対照的なことが書かれている。すなわち、右記の「欲がはらんで罪を生み出し、さらにその罪が成熟して、結果として死へと追いやられる」（同一15参照）に対し、「（誘惑を含む）試錬を受けることによって耐え忍ぶ力を生み出し、その忍耐力が、神からいのちの冠を授与されることに結びつく」（同一12参照）とある。一方は誘惑に引っかかってしまって没落や死へと落ちていくのに対し、もう一方は、誘惑を試錬として乗り越え、神からの栄冠授与にまで上っていくわけである。

誘惑に対しては忍耐する必要はない。抵抗することである（エペソ六13参照）。誘惑に対しては御言葉という武具（マタイ四4、7、10参照）で身を固めて（エペソ六11参照）、悪霊からの誘いに勝ち抜いていきたい。

御言葉を行う人

御言葉を聞くことに自分の意識を向けて、傾聴することは大切なことである。さらに、その聞いた御言葉を実行することは、もっと大切である。しかしそれでもまだ足りない。さらに重要なことは、御言葉を実行するに留まらず、御言葉を実行する「人間」になることである。「御言葉＝その人」となってしまうことである。だからヤコブは言う、「御言《みことば》を行う人になりなさい」（ヤコブ一22）と。

御言葉を実行することは、その御言葉は自分に対する神のことばであると自覚して、その御言葉の言っている内容を尊び、それを自分の実際の行動に移すことである。これは神の御心に従順に従って実行することであるから、信仰的に重要なことであり、神から喜ばれ、嘉《よみ》せられ、受け入れられることである。

しかしそれよりももっと重要で、大切なことがある。その御言葉を実行する人間に自分がなってしまうことである。御言葉がその人そのものというように、自分という人間が、御言葉そのものになることである。自分で決意し意志して、その御言葉を実行するというのではなく、人格的に自分がその御言葉になってしまっていることである。その人にとっては、心情的に何の差《さ》し障《さわ》りもなく、その御言葉の行動が極《ご》く自然に出てくることである。その人の行動の一挙手一投足が、その御言葉そのものになっていることである。主イエス・キリストはそうであった。

だから主イエスは、御言葉を聞くだけに終わらせずに、また聞いて実行するだけに終わらせずに、御言葉を行う「人」になりなさいと、山上の垂訓の最後に、岩の上に建てた家と砂上に建てた家の譬《たとえ》をもって語られた（マタイ七24～27参照）。御言葉が人物としてその人そのものにまでなってしまっているならば、人生で起きてくるどんな困難であれ、嵐や洪水で押し流されたり潰されることはない。

きよめられた人というのは、その人の人格や品性が、御言葉になってしまっている人のことである。御言葉そのものである人間にまで成長していきたい。

聞く、語る、怒るに関する賢者の行動

人の上に立って指導指揮するリーダーの心得の一つに、「聞くに早く、語るに遅くする」という鉄則がある。部下や関係者から先ず意見や情報を聞く。その後に自分の策や指示を出すということである。

だが、この心得が声高に叫ばれねばならないように、現実には、頭《かしら》としてトップに立つ者がこのことに従わず、自分のほうから先に怒鳴り飛ばしたり、矢継早《やつぎばや》に次々と命令を下すということが多い。これでは成功するはずの事も遠回りとなり、失敗へと落ちていく確率も高い。

「聞くに早く、語るに遅くせよ」ということは、リーダーに限ったことではなく、世に生活する私たち誰にとっても重要なことである。このことは、古今東西、知者によって機会あるごとに語られてきた、成功への一つの知恵である。数千年前から現在に至るまでの今昔にかかわらず、また洋の東西を問わず、賢者は日常においてこれを実行し、組織共同体を繁栄に導いてきた。

聖書にも、神的な知恵として、次のように指摘されている。「口を守る者はその命を守

る。くちびるを大きく開く者には滅びが来る」（箴言一三3）、「言葉の軽率な人を見るか、彼よりもかえって愚かな者のほうに望みがある」（同二九20）。

ヤコブは、神からの言葉として、これらの鉄則に一味違った言葉を加えて、戒告している、「人はすべて、聞くに早く、語るにおそく、怒るにおそくあるべきである」（ヤコブ一19）と。「怒り」を付け加えているわけである。

人の怒りは義憤であると自認していようとも、正しい怒りとは言えない場合が多い。その人の価値判断や感情が入っているからである。それよりも何よりも、人が判定することには原罪という汚れが魂の根底にあって、これが混じりやすいからである。主イエスが、「祈りの家ととなえられるべきである」と憤怒されて、宮潔めをされた（マタイ二一13〜14参照）ように、神の子による神の聖・義・愛に基いての義憤は、人の中からはなかなか出にくいものである。ヤコブも言っている、「人の怒りは、神の義を全うするものではないからである」（ヤコブ一20）と。怒りは、神に委ねてお任せしておくのが、最も間違いない方法であり、行動である（ローマ一二19参照）。

ヤコブはこの「聞く、語る、怒る」を、単に人間的な処世訓として語っているのではない。真摯な信仰であるならば、こうあるはずである、と戒めているのである。

①「聞くに早く」は、御言葉を聞くに早くせよと言っているわけである（ヤコブ一21参照）。御言葉には私たちのたましいを救う力があるからである（同一22参照）。

②「語るにおそくする」ための要点は、自分の舌を制することである。何でもかんでも、自分の思ったことをすぐ口に出すようなことをしないことである。舌を制しない人が語る内容は、ほとんどが衝動的で軽薄なことが多い。したがって、その人の信仰心も実質のない空《むな》しいものであると見做してよい（同一26参照）。

私たち信仰者一人ひとりは、ヤコブの勧告に倣い、日々の生活の中で、「聞くに早く、語るに遅く、怒るに遅い」（同一19参照）者であっていきたい。

御言葉を聞いてそれを行う

「口ばっかりで、それを実行しない」人が案外多い。すなわち、正論を述べたり、倫理・道徳を説いたり、お説教を声高に語って人に押し付けたりする人は多いのだが、それを自分のこととして実際に行って範を垂れる人が少ない。これと同じく、クリスチャンでありながら、御言葉をよく聞き、耳を澄ませて知ろうとはするが、その御言葉を自分のこととして実践する人が少ないと言っていい。だから、ヤコブは警告して、次のように言う、「御言《みことば》を行う人になりなさい。おのれを欺《あざむ》いて、ただ聞くだけの者となってはいけない」(ヤコブ一22)と。

聞くということは大切なことである。姉のマルタのように、御言葉を聞くほうに心を寄せる前に、いらいらしながら接待にあくせくするよりも、来訪したイエスの膝許に座して、主イエスの言葉を熱心に聞いていた妹のマリヤのほうが、イエスから高く評価された(ルカ一〇38～42参照)。このように、何かの行動を起こす前に、まず神の声を聞くことは大切なことである。

だが「聞くだけ」(ヤコブ一23)であってはならない。聞いたことがその人の行動となり、生活に現れてこなければならない。神の前に最高価値として認められ称《たた》えられる愛とは、「自分の損得を顧みずに、相手の益となることを選択して、それをしてあげること」である。これを表現すれば、愛とは、相手の意向を聞き取って受容した後に、それを能動的に自分の行動として表すことである。この能動的な行動をせずに、ただ聞くだけで終わらせてしまうのは、自分を楽しませるだけであって、愛の行いがないことになる。それでは、人間としてあるべき高価値の自分にしておらず、どうでもよい低価値の自分に放置したままにしておくことになる。これは、神から創られた尊厳ある自分であることを放棄して、低価値の自分へ放任していることであって、「おのれを欺いて」（同一22）いることになる。

教会メッセージや毎日のディボーション（個人礼拝）で、聖書からの多くの御言葉を聞いても、それを行わないのは、その御言葉を真剣に聞いて受け取っていないからである。自分のことととして聞いていないからである。あの人、この人のことととして聞いても、聞いて従い実行すべき自分への御言葉であるとして聞いていないからである。

御言葉に聞かないで、ただ毎日あくせく動き回るよりも、少しでも御言葉に聞いて従ったほうがよい。しかし、聞くだけで、それを実行しないのであれば、自分という高貴な人間を欺いていることになる。私たちは、聞いて行うという信仰を、日常の生活の中で実行していきたい。

行いのない信仰ってあるのか

どんなに立派な信仰的表明をしたり、論述をしても、その人にそれに見合う徳行が伴っていなければ、その信仰はむなしいものだと言える。

生きている信仰は、主イエスを幹とするその枝に、必ず豊かな実を結ぶ（ヨハネ一五5参照）。御霊の実という果実を結ぶ。

結実した御霊の実とは、どんなものであろうか。それは、

①何よりも第一に「愛」することをする。

②患難の中にあってさえ、いつも「喜んでいる」。

③誰とも争うことを避け、「平和」に過ごす。

④人を寛く受け入れて許すという「寛容」を保つ。

⑤弱者、貧者に「慈愛」を示し、

⑥何事も善く解釈する「善意」に満ち、

⑦誠実を貫いて「忠実」を尽くす。

⑧怒ることを遅くして感情を抑制する「柔和」を保ち、

⑨何事も度を越してはめを外《はず》すようなことのない「自制」に努める（ガラテヤ五22～23参照）。

これらの九つの御霊の実は、すべて信仰から出てくる行いである。信仰からは神に嘉《よみ》せらるる良い行いが出てくる。これらの実を結ぶことなく、その実が生活に現れてこないとしたら、その信仰は死んだものである。ヤコブが「信仰も、それと同様に、行いを伴わなければ、それだけでは死んだものである」（ヤコブ二17）と戒めているとおりである（同三17～18も参照）。

これらの御霊の実としての行いを、自分の生活上で実際に行動して示すことによって、自分には主から受け入れられる良質の信仰があって、その信仰が基盤となって行いとなっている、ということを明示することができる。しかし、行いが伴わなければ、その信仰には力がないことを、あからさまに示していることになる。

だからヤコブは、次のように言っている、「もし、行いのないあなたの信仰があるというのなら、その信仰がどんなものなのかを、是非見せてほしい。そのような信仰があることを見せてくれるなら、私は、御霊の実としての行いを実際に実行することによって、本物で真実な信仰とはこういうもので、それが私にはある、ということを見せてあげよう」

（同一18参照）と。

ヤコブに指摘されるまでもなく、私たちは自分の信仰を、行いの伴った堅実な信仰にまで成熟させていきたい。

レベルの低い信仰

高水準の信仰を持ち、これを保つためには、低水準な信仰とはどんなものかを知っておくことも、参考になるのではないだろうか。

愛を基盤とする実際の行動、それが伴わない信仰は、低水準の信仰であると言ってよい。神は存在しておられるとか、神は唯一で絶対的なお方であると信じていることは大切なことである。しかし、それだけでは、自分は神から愛されている立派なキリスト者であると、豪語することはできない。それくらいのことは悪霊のサタンでさえも知って、信じている（マルコ五7参照）。その悪魔でさえ、さらにその上を行って、自分は神からさばかれるのではないか、終末には最後の審判において、地獄行きを宣せられるのではないかと、神に対する怒れを抱いている（黙示録二〇10、マタイ八29、マルコ一24参照）。

このことについて、ヤコブは次のように言っている、「あなたは、神はただひとりであると信じているのか。それは結構なことである。悪霊どもでさえ、信じておののいている」（ヤコブ二19）と。もし、キリスト者でありながら、神への畏敬を持たない信仰であるなら、サタンよりも劣る信仰であると言われても仕方がない。

この悪霊的な信仰は、次のような特徴を持った信仰である。

①教理や信仰箇条を学んで、その内容を人に教えることができるほどによく知っている頭だけの信仰。

②信仰的な儀式や慣礼は落ち度なく守り、信仰者としての勤めや義務を確実に為《な》している儀礼的信仰。

③深く悔い改めて生活の仕方を変えるということをせずに、また、神の前に伏して服従し、御旨に従って人生を歩んでいくということをしない、口先だけの信仰である。

このような信仰は、生きた信仰とは言えず、いのちのない死んだ信仰である。愛の行動が伴っていない、自分勝手な知的信仰である。このような信仰に対し、ヤコブは、「信仰も、それと同様に、行いを伴わなければ、それだけでは死んだものである」(同二17)と断じている(同じく同二26も参照)。

知っているだけの低水準の信仰に留まるのではなく、信じたことが行いにまでなって現れてくる、高水準な信仰の自分になっていきたい。

ヤコブの実行的宗教

パウロの信仰を「信仰義認の宗教」と言うならば、「行為義認の宗教」と言えるのがヤコブのそれである。パウロは、「真の信仰が与えられ、神に義と認められるのは、その人の功績的行いによるのではなく、神の愛とキリストの十字架による罪の贖いを信じることによる」との、信仰の真理を明らかにした。これに対し、主の兄弟ヤコブは、神の前に義と認められるのは、信仰だけによるのではなく、その後から出てくる本人の行いによるのである、とこれまた信仰の真理を明らかにした。

パウロとヤコブは、「信仰か行いか」の二律背反的な対抗意見を言っているのではない。信仰獲得とその後の信仰成長の過程での、前後二つの時点でのことを、それぞれが言っている。パウロは、信仰が始まる最初の時点のことを言っており、ヤコブは、信仰獲得後の、信仰が成長していく過程での後の時点のことを言っている。だから、パウロの教理もヤコブの教理も、矛盾しているわけではなく、どちらも真理なのである。

ある人が信仰を与えられ、神から正しい信仰であると認められて、その信仰でよいと神から承認されるのは、「ただ御子キリストの十字架による贖罪を信じることだけによる」

のであって、パリサイ人や律法学者たちが錯誤したような、「律法を遵守して、正しいと言われる行為を守り、これを行うことによる」のではない。これがパウロの言う信仰義認の骨子である。

これに対し、本物の信仰というものは、パウロが説く信仰義認の信仰を獲得した後に、聖霊の導きを受けてきよめられ、その信仰の成長の結果として、信仰の実が高徳な行いとなって現れるものであって、行いに結実しない信仰は本物の信仰ではない。信仰の実として神の聖・義・愛に連なる行いが生活に現れてきて、はじめて神に喜ばれるようになる。そのような信仰を神は義しい信仰であると認めてくださる。これがヤコブの言う行為による義認の信仰である。

信仰を声高に語り、自分の信仰を強く主張するのもよいが、それに見合った行いが付いてきていないような、大言壮語ばかりで実行の伴わない信仰であったなら、恥曝《はじさら》しである。だからヤコブは警告して、次のように言う。「舌は小さな器官であるが、よく大言壮語する」(ヤコブ三5)。「『ある人には信仰があり、またほかの人には行いがある』と言う者があろう。それなら、行いのないあなたの信仰なるものを見せてほしい。そうしたら、わたしの行いによって(本物の)信仰(とはどういうものか)を見せてあげよう」(同二18)。

すべてのキリスト者の信仰が、ヤコブの言う実行を伴う宗教であったならば、世の人々はもっとキリスト教に一目《いちもく》を置くようになるであろう。

自由を与える律法

ヤコブの手紙二章に、「自由の律法によってさばかるべき者らしく語り、かつ行いなさい」（ヤコブ二12）とある。

「自由の律法」という言葉には、何か異和感を感じないだろうか。律法とは、元来「こうしなさい」「ああしなさい」「これをしてはいけない」と、人の行動を指示制限するもので、自由であるとは逆に、律法は外から制約をかけて、むしろ不自由にすると言ったほうが当てはまるように思われる。しかし、この律法は、救われた者にとっては、人を自由にし、喜びさえ与えるものである。それを以下に見てみよう。

自由とは、外部から何の制限もなく、自分の思うとおりに、希望するままに、発言や行為ができることである。不自由はその逆であって、自分の望むとおりには発言も行為もできず、自分が意志するのとは反対のことをせざるを得ないように、規制されることである。

また、律法は、旧約では十戒に代表されるように、「あなたは……むさぼってはならない」（出エジプト二〇17）、「あなたは姦淫をしてはならない」（同二〇14、ヤコブ二11）と、自分を制御して従うように命じられている。新約においても、「自分を愛するように、あなたの隣り人を愛せよ」（ヤコブ二8、マルコ一二31）と勧められている。これらの律法は、自分には容易には行えず、それを実行するためには努力を要するものである。

このように、律法は他律的で、むしろ不自由であると言える。自律的な自由とは相入れないものに思える。ところが不思議にも、この律法が、神に救われ神の愛を知る者になると、自律的で自由なものになる。どうしてであろうか。

律法とは、根本的には神の御心、御意志を言葉で表したものである。聖・義・愛なる神が、ご自身がそうであるように、人間にもこうあってほしいと、神の御旨を文言にしたものである。

一方、愛とは、自分の損得を顧みずに、相手の望むことを選んで、それを実行することである。愛する者は、自分が愛する対象に、この愛を実行することによって、そこに喜びを見いだす。

ところで、救われて神の愛を知った者は、神が望んでおり、それをすれば神に喜んでいただけることをしたいと願い、愛をもって神に応えたいと思う。神の御心であり、御旨に合ったことをして、さらに神に受け入れられ、愛する神と一体になりたいと望む。神が期待されることを自分が実行することは、自分にとっての喜びであり、自分が望んでする自発的な行動である。誰からも何からも強制されてすることではない。

このように、神のご意志であり望まれる律法に従うことは、自分にとって何の不自由でもなく制約でもなく、自由のうちに喜悦をもってすることである。むしろ、気が付いたらそのことをしていて、ごく自然にすでに律法を実行し満たしている状態の自分にある（マタイ二五37〜39参照）。

以上順を追って説明したように、救われた者にとっては、律法は決して他律的で強制されるようなものではなく、神の愛に応えて、もっと神を愛したい、神の御心に沿いたい、神の恵みのうちを歩む者でありたいと願って、ごく自然に出てくる自由なものである。

救いを受けたキリスト者にとっては、律法は神の御心のうちを進むための、いのちの流れから外れないように導いてくれる堤防のようなものであって、喜びのうちを歩むための養育係（ガラテヤ三24参照）である。これは、「あなたの御言葉はわが足のともしび、わが道の光です」（詩篇一一九105）の言葉がぴったり当てはまる。

このように、救いを受けて神の愛の中にある者にとっては、律法は「自由な律法」（ヤコブ二12）であり、「尊い律法」（同二8）であるということになる。

御旨に適って願う

私たちは日頃から、神に熱心に願い求める。それを与えてくださり、叶えてくださるようにと祈り続ける。だが、実際はその願いがなかなか成就しない。その祈りがいつまでたっても神に受け入れてもらえない。

それにはそれなりの一つの原因があると、ヤコブは言っている。その原因とは、求め方が適切でない、求める内容が神の御心に合っていないからであると、次のように言っている。「あなたがたは、求めないから得られないのだ。求めても与えられないのは、快楽のために使おうとして、悪い求め方をするからである」（ヤコブ四2～3）。

求めても叶えられない理由は、私たちが、神の御旨に沿った神の栄光を現すようなことを求めているのではなく、自分の欲望や快楽や自分の利益を増大させようとして、そのことを求めているからである、とヤコブは指摘している。

主イエスは私たちに、何でも願い求めなさい、そうしたら与えられると、次のように言っておられる。「わたしの名によって願うことは、なんでもかなえてあげよう。父が子によって栄光をお受けになるためである。何事でもわたしの名によって願うならば、わたしはそれをかなえてあげよう」(ヨハネ一四13～14)。そして、こうも書いてある。「わたしたちが神に対していだいている確信は、こうである。すなわち、わたしたちが何事でも神の御旨に従って願い求めるなら、神はそれを聞きいれて下さるということである」(Iヨハネ五14)。そうなのだ。もし私たちの願い求めるものが、神の御旨に従った、神の御心に適った事であるならば、必ず全ての事が受け入れられ、聞きいれられ、成就される。

だが、自分の利益を求めたり、自分の欲望を満たしたいなど、神の栄光を現すこととは全く無関係な願望や祈りに対しては、神は聞きいれてくださらない。「あなたがたは、むさぼるが得られない。……熱望するが手に入れることができない」(ヤコブ四2)。このような「悪い求め方」(同四3)をしていたのでは、どんなことも神は聞きいれてくださらない。

私たちは、神の栄光を現すような、神の御旨に合ったことを大いに求めて、その願いを成就させていただくことにしよう。

ねたむ愛

「ねたむ神」（出エジプト二〇5）とか、「神は、……ねたむほどに愛しておられる」（ヤコブ四5）と、おだやかでない表現がある。この「ねたむ」という言葉を使って、聖書ではどんな真理を私たちに伝えようとしているのであろうか。

一般に「妬《ねた》み」と言った場合は、その意味するところは、「相手の好条件や相手が好境遇にあることを羨《うらや》んで、自分がそうでないことを惜しく思い、相手がそうでなくなることを願望して、相手を憎むこと」である。

これに対し、敢えて漢字ではなく平仮名を用いて区別した、神や聖霊の「ねたみ」とは、右記の妬みとは違い、「神がご自分に向けて欲しい人間の愛を、人が他に向けてしまっており、それに心を奪われてしまっていることに怒りを感じ、ご自分へその愛を向けてくれることを強く望む感情」のことである。

神のねたみは、「わたしたちの内に住まわせた霊」（同四5）とあるように、神の霊を吹き入れて（創世二7参照）、尊い存在として創造した人間を神が愛しているがゆえに、その愛に人間が愛をもって応えてほしいと、神の愛から発生した、神ご自身の願望である。

繰り返すことになるが、人の妬みは、神のねたみとは全然違って、相手が不幸になることを願って、憎しみをもって呪うようにして羨む悪感情である、と言える。これに対し、神のねたみは、「彼らはほかの神々に仕えて、主のねたみを起こし、憎むべきおこないをもって主の怒りをひき起こした」（申命三二16）とあるように、人が心を他の神々にとらわれるのではなく、唯一絶対にして深く愛している神（ヤーウェ）に心を向けることを、強く望まれる神の善い感情である。

人の妬みは、「愛は死のように強く、ねたみは墓のように残酷」（雅歌八6）であり、「ねたみと党派心とのあるところには、混乱とあらゆる忌むべき行為とがある」（ヤコブ三16）とヤコブは言う。だから付け加えて、「もしあなたがたの心の中に、苦々しいねたみや党派心をいだいているのなら、誇り高ぶってはならない」（同三14）と強く戒めている。

神がねたむほどの強い愛をもって私たちを愛してくださるのであるから、私たちもまた、この愛に応えられるようにして、主の御心に従っていきたい。

高ぶる者と遜《へりくだ》る者

人は神の前に、高ぶるか謙遜であるかのどちらかでしかない。「神は高ぶる者をしりぞけ、へりくだる者に恵みを賜う」（ヤコブ四6）。この御言葉にあるように、神は、神に対して高ぶり、高慢な態度をとる者を嫌避して、遠くへ追いやられる。エデンの園から追い出されたあのアダムとエバのようにである。しかし、神の前に遜って謙虚になり、神に願い求めてくる者に対しては、神の恵みを豊かに与えてくださる。この思考は聖書に一貫しており、キリスト者が日々の生活において、心しなければならない戒めである。

代表的には、旧約ではヨブが次のように言う、「彼（神）は高ぶる者を低くされるが、へりくだる者を救われる」（ヨブ二二29）と。新約では、ペテロが次のように言う、「神は高ぶる者をしりぞけ、へりくだる者に恵みを賜う」（Ｉペテロ五5）。だから、「みな互いに謙遜を身につけなさい」（同五5）と勧める。

高ぶるにも遜るにも、いくつかの特徴がある。

高ぶる者の特徴は、

①自分が神から創られ、神から生命を与えられ、神によって今の時代のこの場所に住

むようにさせられている、との自分が被造物であることを全く認識していない。
②自分を創造してくださった神を忘れ去って、無視するだけでなく、神が存在しておられることや神の自分への御意志を拒否し、神に背を向け、自分の思念や願望によってのみ生活する。
③この世の快楽やこの世の評価に価値があると判断して、それを追い求め、それらを得るために自分の精力を集中する。
④この世に属するものを獲得しようと努力するだけならまだよいのだが、これを得て自分のものにすると、まだ得ていない人を低能な人だと見下し、貧しさの中にある人々を軽んじる。
⑤自分の希求がこの世のものに集中し拘泥して、卑俗化しているので、清く正しく生きようとする人が側《そば》にいると、これを煙たがって忌み嫌い、自分の関係領域から排除するようにし、時には迫害さえして、このような人を自分の周辺から無き者にしようとする。

このような高ぶる者には、神の怒りが下ることになる。「おおよそ世の友となろうと思う者は、自らを神の敵とするのである」（ヤコブ四４）ことを、忘れてはならない。

一方、心遜る者の特徴は、次のとおりである。

①自分が被造物であることを固く認識して承知しており、自分の本来あるべき姿はどんなものであるか、今後自分の行っていくべき事柄は何であるか、の自分の分を弁えている。

②自分が神の前にあって、いかに取るに足りない無力な者であって、不完全な者であるかを、よく覚知している。

③自分が無能であり卑しい者であり、罪深い者であることを認めているので、自分に頼るということは一切せず、全知全能である神にのみ依り頼み、何事も世などの他へではなく、神へのみ願い求めていく。

④絶大な愛と恵み、きよさと力である神に自分が取り扱われることを望み、この神によって救われ導かれることを、切に希求する。

「神は……（このように低く）へりくだる者に恵みを賜う」（同四6）とある。高ぶり傲慢になって、神から退けられる者にはなりたくない。自分がどんな年齢や境遇になっても神の前に遜り、神に受け入れられ、神から豊かな恵みを下賜される者であっていきたい。

神に近づく者になる

私たちがこの地上の人生を使ってなすべき課題は、何であろうか。これを欠いては尊い人生であったとは言えない、大きな目標とは何であろうか、それは私たちの生涯を使って、少しでも「神に近づ」く(ヤコブ四8)ことである。神の道徳的属性である聖、義、愛の状態に少しでも自分が成って、神に近づくことである。自分が神の聖、義、愛にできるだけ多く染まれるようにし、この属性が自分のものに満ちていくようにすることである。

ヤコブは言う、「神に近づきなさい。そうすれば……あなたがたに近づいて下さるであろう」(同四8)。なぜ神に近づくようにと、ヤコブは言うのであろうか。それは人間が罪を犯して、神の聖・義・愛から遠く離れた者になってしまっているからである。当初、人間は神の似姿に創られた(創世一27参照)。ところが、このように高貴な人間に創られたにもかかわらず、神の意向に反して高ぶって罪を犯し、エデンの園を追われ(同三23参照)、サタン(悪魔)が支配する領域に住むようになった。サタンの領域である世にあっては、人はサタンに捕らわれた身となって罪に染まり、本来あるべき姿の人間の姿を失ってしまった。だからヤコブは、一時《いっとき》も早くサタンの支配下から離れて、自由と尊厳を回復した、本来あるべき姿の人間に戻るために、神に近づきなさいと勧める。

サタンの領域に在る人間には、次の三つの特徴がある。

①自分の利益が他よりも何よりも大きくなるように、「自利最大化」を図る。

②自己を人前に顕示することに走って、「自己前面化」を強める。

③他がいけない、自分こそが正しいのだと、「自己正当化」を止めない。

このような特徴を持った原罪に捕らわれて、多くの罪に汚れ、人は神の領域からは全く遠く離れてしまっている。

神に近づくためには、どうしたらよいのであろうか。それには、自分の現在ある実状を知り、自分の実態がどんな悲惨な状態にあるのか、これを徹底的に知って、自分に絶望するようになることである。自分がどんなに努力しても、罪から自力では脱け出せない、神に助けていただくしか方法はない、ということに思いが至り（ローマ七18～20、24参照）、この悟りをもって、神に目を向けるようにすることである。

この絶望の状態に至るためには、自分の事柄や世の問題に苦しむことである。苦しんで自分では解決できないということに泣き、悲しむことである（ヤコブ四9参照）。自分が今まで喜んでいたことは間違っていたことであると気付き、このような偽りの喜びのうちにあることと自体が、サタンに捕らわれている自分なのだと知って、これを憂えることである（同四9）。そして、自分が今までにしてきた事柄から足を洗い、手をきよめ、汚れたことから離れることである（同四8）。世と神との二つに足を置く、どちらにもつかない二心《ふたごころ》をやめ、神にのみ求め従うという一心に変えることである（同四8参照）。そして主の前に遜ることである（同四6、10）。「そうすれば、主は、あなたがたを高くして」（同四10）、私たちを神に近づく者としてくださる。

神の近くに住み、神の性質に似る者となって、神のきよさと恵みを豊かに受ける者になっていきたい。

手も心もきよくされる

「罪人どもよ、手をきよめよ。二心《ふたごころ》の者どもよ、心を清くせよ」（ヤコブ四8）とある。罪人は、手をきよくする必要がある。二心の者は、心を清くしていただく必要がある。

手をきよくすることは、外部的な行動や生活を、悪や罪のない、正しく清純な行動にすることである。心を清くするとは、自分の内部的な思念や願望を、濁りや汚れのない純粋な心にすることである。

手をきよくすることは、救われて神に近づくということを始めるための、最初にすべきことである。すなわち、サタン（悪魔、悪霊）と縁を切って、かつてサタンの手下となって、悪事や悪習慣に染まっていたことから全く離れ、そして進む方向や生活の仕方を神のほうへ一八〇度転換して、日々の歩み方を変えることである。

次に、心を清くするとは、神に向かって歩み始めても、なお世に付く心と神に付く心の二つの間を揺れ動いて、どっち付かずの心情になっていることを止め、全面的に神に向かう心だけにして、心の清純度を上げ、世に惹《ひ》かれる心から絶縁することである。

手をきよくし、心を清くするためには、どうしたらよいのであろうか。そのことは自分の力ではできない、どんなに固く決心し、力を尽くして自分なりに努力しても、自分にはできないことは、これまでの自分の行動や生き方で、確認できる（ローマ七18、24参照）。

それならどうしたらよいのであろうか。イエス・キリストと聖霊が自分にしてくださる。そして手をきよくし、心を清くしてくださる、と信じることである。自分にはできなくても、神にはできると信じることである（ルカ一八27参照）。イエス・キリストは、ご自身の贖罪ときよめの血を流すことによって、それを私たちにしてくださった。これを信じる信仰を持つことによって、神は私たちに、世から足を洗い、手をきよくすることをしてくださる。そして、二心から離れ、神に自分の真実をもって忠実に誠実に従っていく心へと清くしてくださる。

このことは、聖書を通して、次のように約束されている。「もし、わたしたちが自分の罪を告白するならば、神は真実で正しいかたであるから、その罪をゆるし、すべての不義からわたしたちをきよめて下さる」（Iヨハネ一9）。そして、キリストの血が手も心もきよめてくださると、次のように私たちに保証している。「ご自身を傷なき者として神にささげられたキリストの血は、なおさら、わたしたちの良心をきよめて死んだわざを取り除き、生ける神に仕える者とし」（ヘブル九14）てくださる。

御旨に従う計画による成功

人が計画を立てて何かを行っていこうとすることは、充実した人生をつくり上げていくためには、大変良いことである。何もせず、毎日をただ安穏と生活しているよりも、何かを達成しようと目標を定めて、努力を積み重ねていくことは、尊いことである。

だが、同じ計画を立ててそれを実行していくことであっても、それぞれの根本的に寄って立つ根拠と動機が異なれば、その行動が、神に受け入れられるか、それとも拒否されるのかの岐路を迎えることになる。

神から拒否される計画的行動とは、それが神の御旨によるのではなく、自分の目的のために、自分の願望や欲望によって、そのことをしていく行動である。その譬話《たとえばなし》がルカによる福音書に、次のように書かれている。

「ある金持の畑が豊作であった。そこで彼は心の中で、『どうしようか、わたしの作物をしまっておく所がないのだが』と思いめぐらして言った、『こうしよう。わたしの倉を取りこわし、もっと大きいのを建てて、そこに穀物や食糧を全部しまい込もう。そして自分の魂に言おう。たましいよ、おまえには長年分の食糧がたくさんたくわえてある。さあ安心せよ。食え、飲め、楽しめ』。すると神が彼に言われた、『愚かな者よ、あなたの魂は今夜のうちに取り去られる』」（ルカ一二16～20）。

次の警告にも耳を傾ける必要がある。

「ところが、あなたがたは高ぶって、むなしい計画で頭がいっぱいなのです。自分に頼っていては、決して神を喜ばせることはできません」（ヤコブ四16、リビングバイブル）。

神から受け入れられる計画的行動とは、神の栄光を現すことを目的として企画された行動であり（Ｉコリント一〇31参照）、神の御旨に沿った、自分に与えられた神からの使命に従って実行していく行動である。「主のみこころであれば、わたしは生きながらえもし、あの事この事もしよう」（ヤコブ四15）という態度であり、計画である。

神抜きに自分だけで立てた計画には、

①神を差し置いて、自分を中心に据えている、

②神を無視して自分を優先している、

という高ぶりがある。

神のみこころに沿った、神の御旨に従った計画でありたい。そのような行動であるなら

ば、神はその計画と行動に力を与え、聖霊の導きを添え、神の栄光をご自身が現そうとして、その人の企画を成功へと導き、祝福へ入れてくださる。

しかし、御旨とは関係なく、自分の欲望や願望から出た計画や行動に対しては、神は責任を取られず、事がなるままに放置される。だからその計画は、失敗に終わることも多い。

ヤコブは言う、「あなたがたは、あすのこともわからぬ身なのだ。あなたがたのいのちは、どんなものであるか。あなたがたは、しばしの間あらわれて、たちまち消え行く霧にすぎない」（同四14）と。私たち人間にとっては、「あすのこともわからぬ身である」（同四14）というのが実状である。そうであるから、未来のことも自分の思いどおりになるというような高ぶりを捨て、神の御旨のうちを遜って歩んで行く者でありたい。

私たちの人生は短く、その中で実行できる事柄というものはそう多くはなく、限られたものである。どんなに望んだとしても、希望したことの全てを、自分の一つの人生でやるということは、不可能である。そうであるから、「主のみこころであれば、わたしは生きながらえもし、あの事この事もしよう」（同四15）と言って、神の御旨に適《かな》った、必ず成功に結び付く、夢のある計画を実行していきたい。

知る善をなす

「義を見てせざるは勇なきなり」という言葉が論語（巻第一　為政第二40）にある。その意味は、「自分の目の前で今起こっていることに関し、何が正義であるかが分かっていながら、その正義を、卑怯にも実行しないのは、勇気が無いからだ。正義を実行する勇気を持っていない、臆病者だからだ」ということである。

この言葉を知っていた私の若い頃には、同じようなことを言っている、ヤコブの言葉を聞き、読んでは、心を痛めた。いや、老年になった現在においてさえ、この言葉は耳に痛く、目にするたびに心を締めつけられる。すなわち、「人が、なすべき善を知りながら行わなければ、それは彼にとって罪である」（ヤコブ四17）とある。

ヤコブがこの御言葉で言っていることは、こうである。「AさんとかBさんのことを言っているのではない。人であるならば誰であっても、当然あなた自身も含めて、神が喜ばれることや人々にとって益になることが何であるか、それを自分で十分に承知しているはずである。そうでありながら、それをすることを先延ばししたり、今、ここでそれを実行しないとするならば、それは、善いことであると知りつつも行わない、という罪である。

神から審かれる罪である」ということである。

最後の審判において、記録されたその人の行いにしたがって神が審かれると、黙示録には、次のように書いてある。「死人はそのしわざに応じ、この書物に書かれていることにしたがって、さばかれた」（黙示二〇12）。

この最後の審判で神が審かれる事柄は、その人が生前にしたこと、行ったことのすべてが最重要視されるのではない。善いと知りながら行わなかったことが重点的に審かれる。主イエスが最後の審判の状況を譬《たとえ》で教えられた時に、主は、はっきりとこのように言われた、「『あなたがたによく言っておく。これらの最も小さい者のひとりにしなかったのは、すなわち、わたしにしなかったのである』。そして彼らは永遠の刑罰を受け」る（マタイ二五45～46）。善いと知っていて行わなかったことは、このように審かれる。

最後の審判において判決されることは、正確に言うと、意識せずに行った善きことは高く評価され（同二五37～39参照）、善と意識していながら行わなかった行動が、地獄行きと裁決される（同二五41～45参照）。

なすべきと知っている善は、直ちに実行していく、そういう私たちでありたい。

金持ちと金に捕らわれない者の相違

ヤコブの手紙五章の冒頭に富んでいる人への警告がある。そうとは言え、資産や財産を多く持つことは、決して悪いことではない。警告されるその根本原因は、お金に頼って生きてしまい、神に畏敬を持たないことにある。

富を誇る者が一般的に陥りやすい特徴が、同書同章の前半に書かれている。その特徴は、何も金持ちに限らず、ともすれば私たち誰にも当てはまる事柄であり、注意していかなければならない。

富に頼っている人のその特徴とは、

①神のさばきによって私たちに降りかかってくるわざわいに無頓着で、自分には全く関係がないと、無関心を装って日常を過ごしている。「富んでいる人たちよ、……ふりかかろうとしているわざわいを思って、泣き叫ぶがよい」（ヤコブ五1）とある。

②保有している財産を有効に用いるのではなく、終末時という現代にあって、なお自分のために蓄財することにあくせくし、与えられたものを有益に使おうとしない。「あなたがたは、終りの時にいるのに、なお宝をたくわえている」（同五3）とある。

③正当な報酬として支払ってあげなければならないのに、それに見合うだけの報いを与えないで、弱い立場にある人々を顧みず、高飛車に出て、彼らを酷使している。「支払わずにいる賃銀が、叫んでいる」（同五4）とある。

④自分だけ贅沢な生活をしていて、快楽に酔いしれている。「あなたがたは、地上でおごり暮し……ている」（同五5）とある。

⑤清く正しく聖潔の中に生きようとする人を見ると、かえって非難し、不利な境遇に陥れようと画策し、さらには強要や圧迫を加えて、その生き方を止めさせようとさえする。「（あなたがたは）義人を罪に定め」ている（同五6）とある。

財産持ちに限らず、右記①〜⑤のような心情や態度に自分はなっていないか、特にリーダーとか監督とか、長と名の付く地位にある者は、自省しなければならない。

一方、資産を持って誇り高ぶる生活をする者と比べて、神からの栄光が来ることに望みを置いているがゆえに、この世の朽ち果てる宝を慕い求めるような生活はしない人々がいる。彼らは、神の恵みの豊かな降り注ぎがあることを、日々の生活や活動の中で体験しており、また、主の来臨の近いことを知っているからである（同五8参照）。

主の来臨に望みを置いている者は、どんな患難があっても耐え忍び、喜びのうちに神からの力を降り注がれて、使命として任された領域の活動を黙々と続ける。自分に不利な取り扱いをする人があっても黙してこれを赦し、その裁きは神の御手に委ね、自分の心の内に出てくる不平や恨みに打ち負かされるようなことがない（同五9参照）。

私たちも、昔の預言者やヨブの忍耐などの模範に学んで、主の慈愛とあわれみに包まれつつ、信仰生活を続けていきたい（同五10〜11参照）。

「しかり」と「否」

ヤコブは、「むしろ、『しかり』を『しかり』とし、『否《いな》』を『否《いな》』としなさい。そうしないと、あなたがたは、さばきを受けることになる」（ヤコブ五12）と言っている。その意味するところは、「むしろ、それが事実であることは『そのとおり』とだけ言い、それが事実と異なる場合は、『そうではない』とだけ言いなさい。それ以上の言葉を加えてはならない。そうしないと、あなたがたは、真実から外れたことを話すことになり、不真実なことを言ったと、神のさばきを受けることになるから」ということである。すなわち、口にする言葉は、真実を簡明に正確に言ったものでありなさい、と勧告しているわけである。

ヤコブのこの言葉に似た陳述が論語（為政）にある、「知らざるを知らずと為せ、是れ知るなり」と。その言っていることは、「知りもしないことを、知ったかぶりして、あたかも知っているかのように話してはならない。知らないことは知らないとすることこそ、これが本当に知っていることである」という意味である。あるいは、「知らないことは、知っているふりをせずに、はっきりと知らないとしなければならない。自分が知っていることは何であり、知らないことは何であるか、これを知って明確に区別することが、真に知るということである」。

この言葉で、論語のほうは、知を扱う知識人たる者が、知に対してとるべき態度を教示している。これに対して、ヤコブのほうは、事実について、神に仕える者がとるべき心の姿勢を訓戒している。すなわちヤコブは、こうすべきとの姿勢を、神から啓示されて書き記した。

聖書にあるヤコブの言葉と、論語にある孔子の言葉とは似ているが、大きな違いもある。似ている共通点は、どちらも、①「話す言葉は肯定か否定のどちらかであれ。その中間の曖昧さを残した回答はよくない」と言っており、②語る人の誠実さや謙虚さが問われている。違いは、①論語では、回答の言葉の長短については触れていないが、ヤコブのほうは、答える言葉は極力少なく短くし、簡明であれと言っている。それよりももっと大きな違いは、②論語のほうは、人の知恵から出た人の言葉であるが、ヤコブの言葉は、神の知恵から出てきた、神の言葉である、ということである。ヤコブの言葉の源泉は、神の義（正しさ）から出てきたものである。

孔子は、知っているか知らないかの、知識についての肯定か否定であれと勧めているが、ヤコブは事実の肯定か否かであれと言っている。両者には、知識か事実かの違いがあるが、どちらも真実に対して正直であれと言っていることは同じである。

「しかり」と「否」については、主イエスが山上の垂訓の中で、群衆と弟子たちに向かって、次のように教えられた。「あなたがたの言葉は、ただ、しかり、しかり、否《いな》、否、であるべきだ。それ以上に出ることは、悪から来るのである」（マタイ五37）。

その意味するところは、次のとおりである。「あなたがたが口から出す言葉は、ただ『そのとおり』、いや違う、『そうではない』とだけ発言し、事実だけを簡明直截《ちょくせつ》に言いなさい。語る言葉に小細工をして余計なことを付け加え、真実をぼかすような話し方は、悪から出ている。そのような詭弁を弄した言葉は、不真実を含んだ悪というものである。」

ヤコブがこの五章で、「『しかり』を『しかり』とし、『否』を『否』としなさい」（ヤコブ五12）と言ったのは、これまでの章の中で、舌を制しなさい（同一26、三8参照）、高ぶりを排しなさい（同四6参照）として戒めてきた勧告の一環として、語っているものである。

ヤコブは、「『しかり』を『しかり』とし、『否《いな》』を『否』としなさい。そうしないと、あなたがたは、さばきを受けることになる」（同五12）との言葉で、次のことを言っている。

人は何かを語ったり話す時に、しばしば自分の考えを入れ、真実よりも低評価した内容で発言したり、逆に、自分の思いを入れて、事実よりも高評価の内容で伝えようとすることがある。事実に自分なりの加減を入れて正直に語らなかったり、誇張して言うことは、事実を伝えていないことになる、それは不真実な態度である。

発言することが、不完全な知識に基づくものであったり、自分の感情や価値観による評価を入れたものであると、事実が事実でなくなり、虚偽で真実が隠されたものになってしまう。これでは、真実だけをよしとされる神から、さばきを受けることになる。

語る時には事実だけを簡明に言って、たとえ神のさばきの前に立つようなことがあっても、さばかれるに該当するだけのものがない、責任ある正直さをもって、事実を正確に語りなさい、とヤコブは奨めている。そのためには、「しかり」と「否」だけのように、言葉数を少なくして、簡単に明確に語ることである。

私たちクリスチャンの一人ひとりは、語ることは誠実に謙虚であって、かつ簡明直截に話す者でありたい。

第三章　実働関連エッセー

聖書解釈とは直接に関係はないが、キリスト教信仰に基づいた実生活で活動した事柄をエッセーにして、実行を重じるヤコブの手紙との関連でその後に、いくつか追記させていただいた。

神を喜ばす重要性

キリスト者の重要性は、人々への愛の「行為」にあるよりも、神の前にあっての霊的な「状態」にある。

私たちが善い行いをしたり何かの慈善事業をしたりすることは、弱者を助け、親切な行いによって、人々が喜んでくださるから、実行する。私たちが良いことや正しいことを行うことは、主も喜んでくださる、倫理道徳に合った道を行く尊いことである。キリスト者が他者のために祈ったり、多くの奉仕をして捧げたりすることは、益を受ける人々が喜んでくださり、それによって自分も喜びの中に入れられる。だから、「私は善き行為をする」と言う。このような事実があり行動することは、決して間違いではない。

だが、天の父が真に求めておられ、そして私たちに与えようとされている喜びは、このような喜びではない。この喜びよりもなお高く超えた、まことの喜びである。すなわち、神が受け入れてくださり、喜んでくださる喜びである。

キリスト者の本当の喜びは、隣人や多くの人たちが喜んでくださることから来る喜びではなく、神が喜んでくださることから来る喜びである。キリスト者の喜びは、自分が主に喜んでいただける生き方をしていて、主に喜んでいただける「状態」に自分が在ることから来る喜びである。たとえば、何よりも神を第一に愛するとか、神の聖に倣ってきよめの道を行くなどである。また、神の御旨に忠実に従って戒めを守り義《ただ》しさを保つとか、人々を愛するために神の栄光を現すように活動する、などである。すなわち、神が与えてくださり、キリスト者が得ていく真の喜びは、神が喜んでくださる「状態」に自分を常に置いているところから来る喜びである。何か良いことを人々にする「行為」そのものから来るものではない。

「行為」は、神に喜んでいただくための「手段」であると表現してもいいもので、喜びの「目的」ではない。人々に何か良いことをすることは、神に喜んでいただくことを「目的」とした「手段」である。行為は、神が喜んでくださる「状態」に自分を置いておくための一つの方法である。

そういうわけで、主イエスが「戒めの中で最も大切なものは何かと問われた時」（マタイ二二36参照）に、愛神と愛隣人であると答えられたこの二つは、同等ではなく、順位を付けられている。すなわち、「『心をつくし、精神をつくし、思いをつくして、主なるあなたの神を愛せよ』。これがいちばん大切な、第一のいましめである。第二もこれと同様である、『自分を愛するようにあなたの隣り人を愛せよ』」（同二二37〜39）と。このように、愛神と愛隣人を同列に置いてはおらず、第一と第二とされている。神を喜ばすことが第一に大切なことであって、そのために愛隣人をする。キリスト者の守るべき基本的戒律である十戒でも、まず神を愛すべきであると、第一戒に述べられており（出エジプト二〇3参照）、愛隣人に相当する第五戒「父と母を敬え」から第十戒「貪るな」（同二〇12〜17参照）は、第一戒〜第四戒の後に続けられている。

そして、「『主よ、いつ、わたしたちは、あなたが空腹であるのを見て食物をめぐみ、かわいているのを見て飲ませましたか……』」（マタイ二五37）の善行をした人々に、主イエスが答えられたように、「『わたしの兄弟であるこれらの最も小さい者のひとりにしたのは、……わたしにしたのである』」（同40）と言われた。これが示すように、愛隣人という行為は、神が喜んでくださることであり、正しい人が小さい者にする行為は、小さい者が喜んでくれることを目的にしたものではなく、神が喜んでくださる状態に自分を置いておくための手段・方法である。こんなところにも、倫理・道徳と宗教、特にキリスト教との違いがある。

キリスト者にとって最も重要なことは、神に喜んでいただける状態に常に自分を置いておくという生き方をしていることである。

文章に例えての人生の主語を何にするか

私は今、エッセーを書いている。一つの文章の構成というものに重ね合わせて、人生全般について、私たちがどのように生きていったらよいのかに関し、考えてみたい。

文章を書く場合には、読者に訴えたい、あるいは知ってほしい一つの主題がある。それを明らかにしていくために、文章に起承転結をつけて展開していく。読者に注目を促して、主題の方向に目を向けさせたり、期待を呼び起こさせたりするために、「起」を最初の部分に書く。人生で言えば幼・少年の学修を積む段階に相当するであろう。その内容を承《う》けて、本題の方向に誘導するための文である「承」を続ける。学業を終えて青年として仕事に就き、活動を始める時期と言えるであろう。そして承から「転」じて、いよいよ本題に入り、説明を加え、論理を転開して主題を明らかにし、規定する。人生で言えば、その人が最も活躍して実績を残す壮年の時期に当たると言ってよい。文章の最後には、だからこう考えるべきであるとか、どう行動すべきであるというような結論を記して、「結」として文を閉じる。これは人生の実を摘む老年期と言ってよいであろう。

文章がそうであるように、誰の人生にも、その人固有の、生まれてから死ぬまでの間の主題がある。その主題は各自異なり、使命とも表現されて、すべての人の一人ひとりが違っていて、主から与えられている。

文章は、一つひとつの文の繋《つな》がりによってできており、その文の終わりには句点（。）があり、その句の途中には読点（、）がある。読みやすくしたり、意味を取りやすくするためのものであり、そこで意識上の一息をつく。また一つの文（句）には主語と述語があり、あるまとまった陳述をして、それが終わると句点をつける。そして次の句へと進む。

人生も同じく一つひとつの区切りがある活動があって、その中に目的があり、時々一息ついては、また次の活動を始め、大きな主目的を達成させていく。一まとまりの活動が終わると、また別の大きな目的の活動に取りかかり、これを連続させて自分の生涯の全体の活動として、使命を完了させていく。

一つひとつの文には味があり、聞こえないメロディーさえ付けられて、実績や想い出として残り、積み上がっていく。そのメロディーには、嬉しかった、楽しかった、悲しかった、辛かったなどの和音が伴っている。

人生でどんな「起」を持ち、それを「承」け継ぎ、「転」開していったかによって、どのような「結」を迎えるかが決まる。その場合に、特に重要なことは、一文一文の主語を何にするかである。連続していく区切られた一つひとつの活動の主語を何にするかによって、承や転の展開の仕方や、それから得られる成果は異なってくる。そして、どんな結に達するのかが決定される。

キリスト者にとって一文一文の主語を何にするかは、大変重要なことであって、基本的な礎《いしずえ》となることである。キリスト者にとっては、一つひとつの活動の主語を決して自分にしないことである。主イエス・キリストにすることである。自分を隠して捨て去り、キリストを主語として生きていくことである。キリストを主語として、一つひとつの課題や活動を陳述して完了させていった人生の最後には、これ以上ない「結」が待っている。「私が」の自分を主語とせず、「主が」とキリストを主語として従っていった活動の最後には、自分ではとても達成できなかったような、すばらしい結果が待っていること、間違いなしである。

パウロは言った、「わたしにとって、生きることはキリストであり……」（ピリピ一21）、「生きているのは、もはや、わたしではない。キリストが、わたしのうちに生きておられるのである」（ガラテヤ二20）と。主イエスも言われた、「自分の命を救おうと思う者はそれを失い、わたしのため、……自分の命を失う者は、それを救うであろう」（マルコ八

35）と。このように、キリストを主語として生きることが、人生を完成させるために最も重要なことである。

人生という文章の主語を、自分ではなく、キリストにすることによって、神の国に住むという「結」を迎える者になりたい。私たちの生涯は、自分が勝手に書いたところの駄作とするのではなく、神が自分に書いてくださった優秀作品の文章に仕上げていきたい。

途中で止めない

「何事も途中で止めない」という一点について考えてみよう。

私も若い頃の最初のうちはつまらないと思えるような仕事を与えられた。しかし、その仕事に自分なりの創意と工夫を加え、精力を注いで一所懸命にやり遂げることを続けた。そうしたら、次々と責任の重い仕事を任されるようになっていった。任されるというよりも、自分で進んで「それは私にやらせてください」と手を挙げるとか、誰の命令や依頼があったわけでもなく、自分で将来の社会情勢を見通して、新しい企画や仕事を提案し、自分で先頭に立ってそれを展開し、社内に根付かせていった、と言ったほうがよいかもしれない。

いくつもの性質の異なる仕事を次々と任されたが、一度たりともその仕事を途中で止めるというようなことはしなかった。結果が出るまでやり遂げた。それを次の者に引き継いで、再び新しい仕事に取りかかった。複数の仕事を同時に進めることもあった。

一度も途中で止めなかった、と言うと語弊があるかもしれない。一度だけ、製品開発でどうしても成功せず、「もう止めたい。諦めて終わりにしたい」と思ったことがある。それはジェット戦闘機のエンジン周りの過熱検知用長尺サーミスタ・センサの開発を請け負った時のことである。結論を先に言うと、苦労の上、製品化の目処は立った。その間の工夫と開発経過の詳細は、拙著『満たされた生涯』の二六五頁から二六八頁までに詳述してある。

やめることはいつだってできる。大切なことはいかに続けるかである。何かを始めたら、それをやり遂げるまで続けることである。やめずにやり続けること、これが充実し完成した人生にする秘訣である。いつも途中で止めることばかりしていたら、人生も何の完成も見ないものになり、中途半端な人生になる。

真に重要なことは、どんな仕事をしているかではない。仕事の価値は自分が決めるものではない。その仕事は自分に何を与えようとしているのか、これに視点を置くことが大切である。主は仕事を通して、その人を造られる。主は、その人をその人の人生の中で訓練し、鍛練し、熟達した聖徒にまで成熟させようとしておられる。そうであるから、自分の人生を成熟した人生にしたいのであれば、決して途中で止めることをせず、一つひとつの与えられた仕事をやり切って、完結させることである。

やめ方を覚える必要は全くない。身に付けるべきは、どうしたら続けられるかのコツを

学修することである。そのためには、

①その仕事の軽重を自分で決めるのではなく、その仕事は自分のために主が与えてくださったものである、と受け取ること。

②そして、どんな仕事であったとしても、その一つひとつを、自分の全精力を傾注して、最後までやりぬくこと、である。

途中で放り投げるなんてことは一切せず、最後までやり遂げて、これを連続させ、充実した完成させた人生を自分のものにしていきたい。

リーダーシップの有り方

『霊性リーダーシップ』という本を読み終わった。この本の内容に刺激されて、自分ではどのような霊性リーダーシップを執ってきたか、振り返ってみた。

(1)リーダーシップで、欠いてはならない最重要で根幹的なことは、次のとおりである。

(a)リーダーの個人的信念として私が重要視し、実行したことは、「自分はそこへ神から遣わされている者である」との堅固な自覚を持つことである。神からの全権大使として、主の御心を実現するために、この共同体に派遣されている、との確信に立つことである。私は「キリストの僕として心から神の御旨を行」う（エペソ六6）ことに努めた。

(b)組織（共同体）を構成する人々（メンバーや従業員）に、自主的に主体的に活動してもらうために心掛けたことは、

①目指す目標としてのビジョンを示す、

②この活動や働きが、世の人々に役立ち喜ばれていることを示す、であった。

(c)右記(a)、(b)を支え、基盤となった私自身の行動は、「常に聖なる神と交わる」であ

った。計画や課題の遂行・解決に当たり、祈りによって神に問い、神の導きを求め、神から知恵と力をいただくことであった。

(2)リーダーの有り方としては、日々次の姿勢をとって、これを崩さないようにすることであった。

(a)行動においては、常に先頭に立って指揮し、すべての面で率先垂範すること。すなわち、組織のトップ（頭《かしら》）として働くこと。

(b)その時の心構えとしては、人々に仕える僕《しもべ》であり続けること。

(c)右記(a)、(b)については、私は次の御言葉に従った。「あなたがたの間で偉くなりたいと思う者は、仕える人となり、あなたがたの間でかしらになりたいと思う者は、僕とならねばならない」（マタイ二〇26〜27）。そして、「喜ぶ者と共に喜び、泣く者と共に泣く」（ローマ一二15）ために、食事や通勤方法など、できるだけ従業員と同じ境遇条件をとるようにした。

(3)自社を発展させ続けるために、ビジョンを次のように提示した。

(a)自社が存在する意義を示す理念であり、企業活動をしていく目的として、「技術を通じ社会に貢献する」をスローガンとした。

(b)これを実現していくための手段として、売上高を中心とした達成目標を、次のように掲げた。

①年商売上高四十億円を二・五倍にする「SD一〇〇計画」の提示。

この計画が年々順調に進むのを見て、さらに引き上げる必要を感じ、その七年後に、世界市場にも目を向け、

②現年商六十数億円を三倍にする「SD　GLOBAL二〇〇計画」を提示した。

(c)全社にビジョンを提示するに当たっては、「幻（ビジョン）がなければ、民はほしいままにふるまう」（箴言二九18、新改訳第三版）の御言葉から示唆を受けた。

(4)ビジョンを実現させるために採った方法は、次のとおりである。

(a)子会社や営業拠点を含めた全社の全部門に、目標管理の手法を採り入れて実行した。

(b)目標管理の展開には、Plan（計画）→Do（実行）→Check（確認）→Action（処置）を確実に実施し、年四回の各部門ごとの実績発表会を持ち、その結果を次の行動や施策に反映させた。

(5)自分を堅く立たせた評価基準は、人を恐れることなく（箴言二九25参照）、神だけを畏れることであった（創世二〇3参照）。

(a)すなわち、

①自分への人々の評価がどのようなものであるかは、全く意に介さず、関心がなかった。

②神が私の信仰心と行動をどのように評価しておられるかだけを注視した。

(b)それは、次の御言葉を与えられていたからである。「だれでも良いことを行えば、僕であれ、自由人であれ、それに相当する報いを、それぞれ主から受ける」(エペソ六8)。

以上のようなリーダーシップを私が採り、実行したことは、私を困難と共存させつつも、すべてを発展へと導き、私に「満たされた生涯」が与えられ、私を幸いな者とした。

あとがき

本書シリーズを始めた時、表紙カバーの装幀・装画について、いくつかの素案が提案されてきたのですが、その中から、古びた本が「そうか、なるほど」と大きな声で語っているような、この装画を選ばせていただきました。

この案を選んだ理由は、年季の入った古びた部厚い本が、今も多くの人々に読み継がれている古典の聖書を連想させ、その聖書が読者に、「この本の内容は『そうか、なるほど』と思えるような事柄が満載されていますよ」と、訴えているように感じられたからです。読み済み目印となっている中紐《なかひも》が躍っているかのように生きいきとして感じられ、躍動と希望を与えてくれるかのように見えるのも気に入りました。

さらに、あまり主張せずに、本の背景から光が放たれているようにデザインされていますが、これについては素案にあった下半分にだけではなく、頁全体で力強く放たれているように私のほうから希望しました。この放たれた光は、著者（私）の強い思い入れが込められています。それは、次の御言葉を、背景の光が思い起こさせてくれるからです。すなわち、聖書詩篇にある「聖言《みことば》うちひらくれば光をはなちて愚かなるものをさとからしむ」

（詩篇一一九130、文語訳）、「み言葉が開けると光を放って、無学な者に知恵を与えます」（同、口語訳）の御言葉です。

読者の皆様に神による聖書の知恵を少しでも多く得ていただきたい、人生に喜びを与える新しい光を見い出していただきたいとの思いで、本書を著述しました。それが達成されるならば私の願いは叶えられたことになります。

今回も本書出版に当たって関係者の皆様には大変お世話になりました、特に、いのちのことば社の本書編集者である山口暁生氏には、数々の助言をいただきました。これらの関係者の皆様に感謝申し上げます。また、拙文に忍耐をもって目を通してくださった読者の皆様に、主からの豊かな祝福がありますよう、お祈り申し上げます。

二〇二三年一月　久喜の自宅書斎にて

中島總一郎

《著者略歴》

1943 年　東京都江東区に生まれる
65 年　日本ホーリネス教団立川教会で洗礼を受ける
66 年　芝浦工業大学　電子工学科卒業
　　　（株）芝浦電子製作所　入社
78 年　一級生産士取得
83 ～ 84 年　日本ホーリネス教団　上野教会責任役員
84 ～ 85 年　JIS 電子回路部品用語専門委員
　　　久喜キリスト教会開拓委員会　委員長
95 ～ 96 年　電子材料国際整合化委員
　　　IEC（電気電子世界標準規格）60539
　　　サーミスタ規格の改正日本提案代表（独・ドレスデン）
96 ～ 97 年　（株）岩手芝浦電子　代表取締役社長
97 ～ 98 年　（株）上海芝浦電子　總経理（取締役社長）
99 年　ISO9001 品質システム審査員補資格取得
2006 年　お茶の水聖書学院　聖書本科卒業
08 ～ 11 年　日本ホーリネス教団　信徒代議員
06 ～ 14 年　お茶の水聖書学院　講師、評議員、参与、理事
08 ～ 14 年　イーグレープ聖書人生塾　講師
10 ～ 17 年　お茶の水聖書学院　研究コース　コーディネータ
11 年～　日本ホーリネス教団　上野教会員
15 年～　いのちのことば社　常任監事、理事

《著書》

『天命に立つ　～聖書の知慧に学ぶ』
（日本ホーリネス教団　久喜キリスト教会　宣教出版委員会）
『知慧に生きる　～救い完成と苦難克服』
『聖潔の探究　～ホーリネス到達と信仰完成』
『愛の完全　～神的愛と結婚愛』（以上、日本ホーリネス教団　出版局）
『満たされた生涯　～幼年・青年から壮士・快老へ』（日本ホーリネス教団　東宣社）
『死と神の国　～人生の最終到達目標』
『クリスチャン人生　瞑想録　～祝福生涯の秘訣』
『快老をいく　～御国を目指して　付：死への備え』
『図解　キリスト教信仰の基礎知識』
『図解　聖書理解の基本』（以上、イーグレープ）
『幸福と成功の秘訣Ⅰ　～聖書が教えるリーダーの心得
《指導者・企業トップ・経営編》』
『幸福と成功の秘訣Ⅱ　～聖書が教える人生の極意《生き方編》』
『幸福と成功の秘訣Ⅲ　～聖書が教える人物確立の道《品格修養・充実人生編》』
『幸福と成功の秘訣Ⅳ　～聖書が教える生活への指針《仕事・実生活編》』
『聖書教養エッセー１　そうか、なるほど《福音書、パウロ書簡前半編》』
『聖書教養エッセー２　そうか、なるほどⅡ《旧約、パウロ書簡後半編》』
（以上、いのちのことば社）
共著『やさしいセンサー技術』（工業調査会）

引用聖句は一般財団法人日本聖書協会発行　口語訳を使用

聖書教養エッセー3　そうか、なるほどⅢ
《ヘブル書、ヤコブ書編》

2023年3月10日　発行

著　者　中島 總一郎
〒346-0032　埼玉県久喜市久喜新1187-20
TEL・FAX　0480-22-9529

印刷製本　日本ハイコム株式会社

発　売　いのちのことば社
〒164-0001 東京都中野区中野2-1-5
電話 03-5341-6924（編集）
03-5341-6920（営業）
FAX03-5341-6921
e-mail:support@wlpm.or.jp
http://www.wlpm.or.jp/
新刊情報はこちら

ISBN 978-4-264-04421-5